----新装版----

「中1英語」
20日間でマスターできる本

長沢寿夫

はじめに

　英語というのは，それほどむずかしいものではありません。ただ，日本語と英語とは，まったく単語のならべ方がちがうので，その単語のならべ方をマスターするまでは，とてもややこしく感じます。

　それとなんと言っても，ひとつひとつ新しい単語を覚えなければならない点で，とても努力が必要になります。

　この本は，中学1年生で習う単語をもうすでに覚えている人ならば，中学1年生の英語についての考え方がかんぺきにわかるように日本語と英語のちがいや，ものの考え方についてじゅうぶん説明してあります。

　とくに，学校で習ったけれどもあまりわからなかったという人が，読むだけで英語の考え方がすっきりわかるようになっています。そして，成績が3から4に，完全に単語を覚えている人であれば，20日間の勉強で3から5の力がつくようにしくまれています。

　あなたはただこの本を信じて読み進んでくだされればいいのです。問題も適当な量を練習するようになっています。

　読むだけで理解してもらえるようになっていますが，ところによっては覚えてもらわなければならないところもあると思います。この本では，20日間で中1英語をマスターするということになっています。もちろん1日目，2日目とどんどん読み進んでもらってもけっこうです。そして，ちょっとつまずいたところや，もう一度覚えなければならないところにさしかかった時は，時間を十分にとって勉強してください。

とにかく3週間を目安に毎日きちんと勉強する習慣をつけてください。英語はそれほどむずかしいものではありません。

　喜びをもって英語を勉強すれば必ず英語が好きになり，すばらしい英語力がきっとあなたのものになります。がんばってくださいね。

　この本では学校で習うような勉強の仕方はしません。なぜならば，学校のように英語を日本語にやくす勉強をしても，英語と日本語のちがいがわかるようにならない人が多いからです。

　さらに，学校では英語から日本語を習うのがふつうですが，この本では日本語から英語に直す場合にどうすればいいのかを中心に考えていきたいと思います。そうすることによって，日本語と英語の単語のならべ方のちがいや，日本人と英米人（イギリス人やアメリカ人）のものの考え方のちがいを理解することにもなります。

　そしておまけに，英語の本当の力がつくのです。

　さいごに，私の好きなことばをおくります。

　　　　喜びをもって勉強すれば，喜びもまたきたる

　　　　　　　　　　　　　　　　　　　　　　　　長沢寿夫

カバーデザイン　KJデザイン室
本文イラスト　　有川通子

◇「中1英語」20日間でマスターできる本／もくじ◇

日 程	こ う も く	ページ	チェック
1日目	「英語はキャッチボールだ」の法則	6	
2日目	英文をつくってみよう！	16	
3日目	be動詞と一般動詞の使い方	24	
4日目	be動詞と一般動詞の関係	34	
5日目	疑問文と否定文のつくり方	44	
6日目	疑問文と否定文の練習	52	
7日目	疑問詞の使い方	60	
8日目	疑問文のつくり方	70	
9日目	赤ちゃんの文とおとなの文!?	78	
10日目	10日間の復習をしよう！	86	
11日目	名詞とa, -sの関係	96	
12日目	代名詞の練習	106	
13日目	動詞と前置詞の関係	114	
14日目	前置詞の使いわけ	124	
15日目	現在進行形のつくり方	136	
16日目	現在進行形の文をつくってみよう！	144	
17日目	itを使いこなそう！	156	
18日目	itを使うのはどんなとき？	168	
19日目	音とつづりとイントネーション	174	
20日目	ガンバレ！ 20日間の総復習	184	

1日目
「英語はキャッチボールだ」の法則

それでは，勉強にはいりましょう。

みなさんは，英語と日本語の両方をよーく見くらべたことはありますか。ほとんどの人たちは，ただ学校で「(**This is a pen.**) は，(これはペンです。) という意味です。」というように，説明をしてもらってどんどん前に進んでいくわけです。

そしていつのまにか，カンタンだと思っていた英語が，1年生のおわりの方になると，あんまりわからないとか，ややこしいとか，おもしろくない，と思うようになってしまうのが，今の学校で習っている英語ということが言えると思います。

とにかく今日からは，私の話に耳をかたむけて信じてついてきてください。今の学校の英語のやり方では，新しい英語を習って，それを日本語に直して進んでいくわけですから，はじめて見た日本文を英語にすることは，よほど英語のカンを身につけている人でないかぎり，実際に日本語を英語に直すことはできません。

「英語はキャッチボールだ」の法則

これからみなさんに，英語の基本中の基本である**「英語はキャッ**

チボールだ」という考え方を説明させていただきます。よーく私の話を聞いて，理解をしてくださいネ。必ず目の前が明るくなることはまちがいないと思います。

　たとえば，こんな日本文があるとします。

<u>私は毎日，テレビを見ます</u>。この文を英語にしたいと思えば，あなたがアメリカ人になったような気になって，アメリカ人的な物の考え方をしなければならないのです。そうすれば日本文を英語に直せるわけです。それでは，アメリカ人の物の考え方についてお話をさせていただきます。アメリカ人たちの考え方をマスターするには，<u>一人二役のひとりごとをマスターすることなのです。</u>

　<u>私は毎日，テレビを見ます。</u>の場合

　A　私は見ます　　　I watch
　B　何を見るの
　A　テレビだよ　　　television
　B　いつ見るの
　A　毎日だよ　　　　every day

――――――□□ここが大切□□――――――

　上の例を見てもらうとわかると思いますが，アメリカ人たちの考え方は，**だれがどうした（どうする）**をとにかく相手に伝えたいと思っているわけです。そして，もし完全に意味がわからなければ，相手に聞くのです。そして相手が答えてくれる，それでもまだ聞きたいことがあればまた聞く。そしてまた相手が答えてくれるというように，まるで言葉のキャッチボールのようになっているのです。だから，一人で二役をひとりごとで

> 練習してみるとどんな文でもカンタンに英語に直すことができるようになるのです。

まとめると

私は |毎日, |テレビを |見ます。
① ④ ③ ②

I watch television every day.
① ② ③ ④

となります。

カ・トンボ・ツバメの法則

ほとんどの日本語を英語に直す場合,「英語はキャッチボールだ」の法則を使えば, 大体正しい英語に直すことができるのですが, もっと正確に英語にしようとすれば,「**カ・トンボ・ツバメの法則**」を理解することが必要となってきます。みなさんは, カ・トンボ・ツバメの大きさを絵で書いてみてください。

――□□ここが大切□□――

カ　　トンボ　　ツバメ

私が言いたいことは, 英語では, <u>小さいものが大きいものに食べられる</u>ということです。次のような例で考えてみましょう。

私が住んでいる所を日本語で書きますと,

<u>兵庫県 篠山市 東岡屋</u>というところなんですが, 英語で書く

1日目 「英語はキャッチボールだ」の法則　9

と <u>Higashiokaya</u> <u>Sasayama-shi</u> <u>Hyogo-ken</u> となるのです。

このことは,「カ・トンボ・ツバメの法則」にあてはまっているのです。

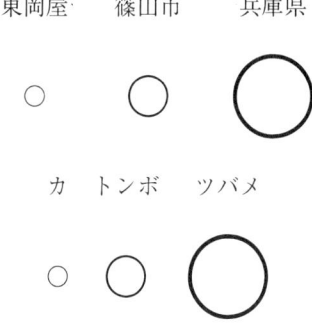

では,「カ・トンボ・ツバメの法則」と,「英語はキャッチボールだ」の2つの法則を使って次の日本文を英語の文にしてみましょう。

<u>私は</u>|兵庫県（の中）にある篠山市（の中）に|<u>住んでいます</u>。
①　　　　　　　　　　　　　　　　　　　　　　②

A　私は住んでいます。　　<u>live</u>
　　　　　　　　　　　　　　①

B　どこ住んでいるの

A　中に住んでいる　　<u>in</u>
　　　　　　　　　　　②

B　何の

A　<u>兵庫県または篠山市</u>

つまり,ここまでは,2つのかたまりのどちらを先に置けばいいのかがわからないわけです。そこで,「カ・トンボ・ツバメの法則」

を使って考えると答えがです。2つの大きさを考えると下のようになるので

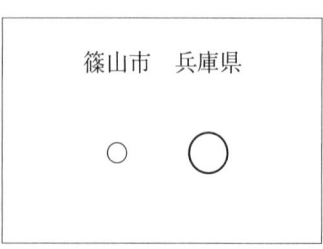

A 篠山市　　<u>Sasayama-shi</u>
　　　　　　　　　③

B どこにあるの

A 中に　　<u>in</u>
　　　　　④

B 何の

A 兵庫県　　<u>Hyogo-ken</u>
　　　　　　　　⑤

となり，まとめると

<u>私は</u>，<u>兵庫県</u> (の中)にある <u>篠山市</u> (の中)に <u>住んでいます</u>。
　①　　　⑥　　　　　⑤　　　　　④　　　③　　　　　②

<u>I</u> <u>live</u> <u>in</u> <u>Sasayama-shi</u> <u>in</u> <u>Hyogo-ken</u>.　となります。
①　②　③　　　④　　　　⑤　　　⑥

もう少し例題をやってみましょう。

例題1

<u>私は</u> <u>とても</u> <u>あの犬</u> <u>が</u> <u>好きです</u>。

A 私は好きです　　<u>I like</u>

B 何が

A あの犬　　**that dog**

B どのぐらい

A とても　　**very much**

となり，私は とても あの犬が 好きです。
　　　　　①　　④　　　③　　　②

I like that dog very much.
① ②　　③　　　④

「英語はグループで動く」の法則

この法則を完全にマスターしてしまうと，日本文を英語の文に直した時，満点がもらえるようになります。また反対に，この法則をバカにしていると，いつまでたっても英語は上達しません。それぐらい大切なものなのでしっかり私の話を聞いて，理解してください。

「英語はグループで動く」の法則について考えてみましょう。

(1) これはペン です。

(2) あのちいさい本は，君のもの です。

(3) 私はとても 本が好きです。

(4) これは，ちいさいつくえ です。

(5) これは，とてもちいさいつくえ です。

(6) 私は，とてもはやく 走る ことができる。

(7) 私は，英語を とてもじょうずに 話す。

上の7つの例でわかってもらえるように，日本語で考えてもらっていいのです。グループだな，と思ったらそれが1つのグループになって，動くということなのです。動くということがまだ上の例ではピンとこないと思います。

それではグループで動く例でよーく考えてみましょう。

例1

(8) <u>あの小さい本</u>は，<u>君のもの</u> <u>ですか</u>。
　　　②　　　　　　③　　　①

比較 (2) <u>あの小さい本</u>は，<u>君のもの</u> <u>です</u>。
　　　　　①　　　　　　③　　　②

(8)と(2)をくらべてみるとよくわかります。

(8) <u>Is</u> <u>that small book</u> <u>yours?</u>
　　①　　　②　　　　　　　③

(2) <u>That small book</u> <u>is</u> <u>yours.</u>
　　　①　　　　　　　②　③

となり，①と②の順番がかわっています。しかし3つの単語でなりたっている3人グループは，いつも3人グループで動いているわけです。とにかく，1つのよくわかるグループを1つのかたまりとして英語に直していきます。もしどれが1つのグループかがわからない時は，「英語はキャッチボールだ」の法則で考えながらグループわけをしていけばいいのです。たとえば，(7)番の問題を例にとって考えてみると，次のようになります。

(7) 私は，英語をとてもじょうずに話します。

A 私は，話す　　I speak

B 何を

A 英語を　　English

B どういうように（どれくらい）

A じょうずに

となりますが，よーく考えてみると，「とても」があとにのこってしまうと意味がわからなくなってしまうので，

A とてもじょうずに　　very well

1日目　「英語はキャッチボールだ」の法則　13

となり，まとめると，次のようになります。

私は，英語を とてもじょうずに 話します。
　①　　③　　　　④　　　　②

I speak English very well.
① ②　　③　　④

もうひとつ，(3)番を例にとって考えてみましょう。

(3)　私はとても本が好きです。

A　私は好きです　　I like

B　何が

A　本が　　books

B　どれくらい

A　とても（たくさん）　　very much

まとめると次のようになります。

私は とても 本が 好きです。
①　　④　　③　　②

I like books very much.
① ②　　③　　④

――――　□□ここが知りたい□□　――――

質問　very と very much の使い方を教えてください。

答え　とても小さい，とても速くのように，とても＋1つの
単語を1つのグループとして考える時に very＋□
となります。そして，とてもだけが1つのこってしまっ
た時に very much を使います。

―― □□ここが大切□□ ――

　１つのグループをさがすことは英語においては，とても大切なことなのです。しかし，いつもはっきり目に見える形で，日本文の中にあるとはかぎりません。そういう時に，a や the をおぎなって１つのグループとして，動かすことができるようになることが英語を勉強するうえでは一番むずかしいと言っても言いすぎではありません。

　それでは，私たちの目に見えないようにひそんでいる a や the の使い方について考えてみたいと思います。いくらか例をあげて考えてみましょう。

| 例１ |　これは**本**です。

　パッと見て３つの部分から成り立っているということはよくわかるのですが，本の前に a をつけなければならないということがよくわからないと思います。

| 例２ |　**本は私のもの**です。

　これも３つの部分から成り立っているということはすぐにわかるのですが，本の前に the をつけなければならないということが，わかる人はほとんどいないと思います。

| 例３ |　私は**本**が好きです。

　この文も３つの部分から成り立っているということはすぐにわかると思いますが，books にして，a や the をつけないということが，わかる人はそれほどたくさんいるわけではないでしょう。

□□ここが知りたい □□

質問 a や the や s のつけ方を教えてください。

答え とにかく目に見えて指で数えることができ，2つ以上あるとわかっている場合は s をつけましょう。そして，1つだけとはっきりわかっている時は a をつけてください。the をつける時は，その という意味をはっきり言いたい場合につけるのです。つまり，はっきりしている場合に使います。たとえば次のような文で考えてみましょう。

(a) 本<u>が</u>つくえの上にあります。
(b) 本<u>は</u>私のものです。

　この(a)と(b)を比べるとよくわかるのですが，(a)はただたんに本があるといっていて，1さつなのか，2さつ以上なのかがわかりません。もし，あなたが1さつだと思えば **a book** で，2さつ以上あると考えれば **books** になります。(b)については，<u>本は</u>と書いてあるだけなのですが，当然<u>その本は</u>をあらわしているわけなので **the book** となります。

□□ここが大切 □□

　～ が ならば a，～ は ならば the をともなうと考えることもできます。つまり，「本が」ならば **a book**，「本は」ならば **the book** となるということです。ただし「これは本です」や，「私は本をもっています」のような場合は，～がや，～はのところに本がないのでこの考え方にはあてはまりません。

2日目
英文をつくってみよう！

第1日目の授業の理解を深めましょう。

練習1 次の文に a を使えばいいか，それとも the が適当か，2つ以上あるという意味の s が適当か，a と s の両方とも答えになるか，考えてみましょう。

(1) これはペンです。
(2) これらはペンです。
(3) 彼は少年です。
(4) 彼らは少年です。
(5) 私たちは少年です。
(6) きみは学生です。
(7) きみたちは学生です。
(8) 本がつくえの上にあります。
(9) 本は私のものです。
(10) 犬がにわにいます。
(11) その犬はポチです。
(12) 私は本をもっています。
(13) 私は犬が好きです。
(14) 私の父は先生です。

(15) 私の姉は<u>先生</u>です。
(16) 私たちの子供は<u>先生</u>です。
(17) 私たちの子供たちは<u>先生</u>です。
(18) <u>その犬たちは白い</u>です。
(19) 私は<u>先生</u>です。
(20) 彼と私は<u>友だち</u>です。

〈答え方と解答〉

(1) これ＝ペン　これは１本ときまっているから **a pen**
(2) これら＝ペン　これらは２本以上ときまっているので **pens**
(3) 彼＝少年　彼は１人だから **a boy**
(4) 彼ら＝少年　彼らは２人以上にきまっているので **boys**
(5) 私たち＝少年　私たちは２人以上なので **boys**
(6) きみ＝学生　きみは１人なので **a student**
(7) きみたち＝学生　きみたちは２人以上なので **students**
(8) <u>本が</u>あるといっていますが，何さつあるのかはわからないので，１さつだと考えれば **a book**，２さつ以上あると考えれば **books** になります。
(9) <u>本は</u>といっている部分が<u>その本は</u>という意味なので，**the book** になります。
(10) <u>犬が</u>の部分だけでは，１ぴきなのか２ひきなのかがわからないので **a dog** または **dogs** になります。
(11) <u>その犬は</u>となっているので **the dog**
(12) <u>本を</u>の部分だけでは，本が１さつなのか，２さつ以上なのかがわからないので，**a book** または **books**

(13) 犬が好きですとなっているところに注意してください。1ぴきだけ犬が好きな人がいるのならば a dog かもしれませんが，実際には犬が好きだということは，犬という動物が好きだということで，たくさんの犬をさすと考えられるので dogs にした方がよいでしょう。

(14) 私の父＝先生　私の父は1人なので a teacher

(15) 私の姉＝先生　日本語の上では私の姉は一人ですが，もしも2人以上お姉さんがいるということがわかっていれば s がつくこともありえます。ふつうはこの場合の答えは a teacher

(16) 私たちの子供＝先生　私たちの子供と言っているので，そのまま考えると答えは a teacher

(17) 私たちの子供たち＝先生　私たちの子供たちと言っているので，2人以上とわかるので teachers

(18) その犬たちと書いてあるので2ひき以上いることがわかるので the dogs

(19) 私＝先生　私は1人なので a teacher

(20) 彼と私＝友だち　彼と私は2人なので friends

練習2　次の日本文に，1つのグループまたは単語に線を引いてください。そして「英語はキャッチボールだ」という考え方にしたがって，ならべる順番に番号をうってください。それから，自信のある人は英語に直してください。

(1) 私は本をもっています。
(2) このちいさい本は，私のものです。
(3) あれは本です。

(4) あれは古いボールです。

(5) 私はあの犬が好きです。

(6) 私はあの犬がとても好きです。

(7) 私はこのカバンの中に3さつの本をもっています。

(8) 私は東京へ行く。

(9) 私は午前中に英語を勉強する。

(10) 私は速く走る。

(11) 私はとても速く走る。

(12) 私はとても速く走ることができる。

(13) 私はつくえの上にあるあの本がほしい。

(14) 私は彼をよく知っている。

(15) 私は彼女をとてもよく知っている。

(16) 私はここにいます。

(17) 私は朝6時に起きます。

(18) 私は夕方に英語を勉強します。

(19) 私は毎日,東京へ行きます。

(20) 私は,夕食の前にテレビを見ます。

(21) 私は,夕食のあとで勉強します。

(22) だれが彼女を好きなのですか。

(23) 何がつくえの上にありますか。

(24) 私はとてもゆっくり走ります。

(25) 彼と私はなかのよい友だちです。

〈考え方と答え〉

(1) 私は 本を もっています。
　　 ⑴　 ⑶　　　 ⑵

I have a book または books.

1さつならば a book, 2さつ以上なら books

(2) <u>このちいさい本</u>は<u>私のもの</u> <u>です</u>。 ～はまでが必ず①になります。
    ①   ③   ②

This small book is mine.

(3) <u>あれ</u>は<u>本</u> <u>です</u>。
    ①   ③   ②

That is a book.

(4) <u>あれ</u>は<u>古いボール</u> <u>です</u>。
    ①   ③   ②

That is an old ball.

(5) <u>私</u>は<u>あの犬</u>が<u>好きです</u>。
    ①   ③   ②

I like that dog.

(6) <u>私</u>は <u>あの犬</u>が <u>とても</u> <u>好きです</u>。私は好きです → 何が？ あ
    ①   ③   ④   ②

の<u>犬</u>, どれくらい？ <u>とても</u>。

I like that dog very much.

(7) <u>私</u>は <u>このカバン</u>の<u>中に</u> <u>3さつの本</u>を<u>もっています</u>。私はもっ
    ①   ⑤   ④   ③   ②

ています, 何を？ <u>3さつの本</u>を, どこに？ <u>中に</u>, 何の？ <u>このカバン</u>。

I have 3 books in this bag.

(8) <u>私</u>は<u>東京</u> <u>へ</u> <u>行く</u>。私は行く, どこ<u>へ</u>？ <u>東京</u>
    ①   ④   ③   ②

I go to Tokyo.

(9) <u>私</u>は<u>午前中に</u> <u>英語</u>を<u>勉強する</u>。
    ①   ④   ③   ②

I study English in the morning.

(10) 私は 速く 走る。
    ① ③ ②

I run fast.

(11) 私は とても 速く 走る。
    ① ③ ④ ②

I run very fast.

(12) 私は とても速く 走ること ができる。私はできる。何が？ 走ること，どういうふうに？ とても速く。
    ① ④ ③ ②

I can run very fast.

(13) 私は つくえの 上にある あの本が ほしい。私はほしい。何が？ あの本，どこにある？ 上に（ある），何の？ つくえ。この場合つくえの上と日本語では書いてありますが，本当の意味はそのつくえの上にあるという意味で，あるということを考えた上で英語に直さなければならない。
    ① ⑤ ④ ③ ②

I want that book on the desk.

(14) 私は 彼を よく 知っている。
    ① ③ ④ ②

I know him well.

(15) 私は 彼女を とてもよく 知っている。私は知っている。だれを？ 彼女を，どういうふうに？ とてもよく。
    ① ③ ④ ②

I know her very well.

(16) 私は ここに います。
    ① ③ ②

I am here.

(17) 私は 朝 6時に 起きます。私は起きます。いつ？ この質問に
　　 ①　①　　③　　②
対して，2つの答えができてしまいます。そこで「カ・トンボ・
ツバメの法則」を使います。小さい方から並べてみます。すると，
6時，そして朝となることがわかります。ただし，この答えは，
6時にを **at 6**，朝を **in the morning** と覚えていると考えた上
での答えです。

I get up at 6 in the morning.

(18) 私は 夕方に 英語を 勉強します。夕方にを **in the evening** と
　　 ①　 ④　　 ③　　 ②
覚えてると考えた上での答え。

I study English in the evening.

(19) 私は 毎日 東京へ 行きます。私は行きます。どこへ？　東京，
　　 ①　⑤　④　　③　　②
いつ？　毎日。

I go to Tokyo every day.

(20) 私は 夕食の前に テレビを 見ます。私は見ます。何を？　テレ
　　 ①　 ⑤　　　　④　　　③　②
ビ，いつ？　前に，何の？　夕食。ここで大切なのも夕食の前に
を，1つのかたまりとしてとらえてもいいということです。夕食
の前にという英語を **before dinner** だと知っている人の場合だ
けにあてはまります。

I watch television before dinner.

(21) 私は 夕食のあとで 勉強します。私は勉強します。いつ？　あ
　　 ①　 ④　　　　　③　　　②
とで，何の？　夕食。夕食の後を **after dinner** と覚えている人
は，夕食の後を1つと考えても OK。

I study after dinner.

(22) だれが 彼女を 好きなのですか。~ですかになっていても，だ
　　①　　③　　②
れ が のように が のパターンにあてはまっているものは，だ
れが好きなのですか，だれを？　彼女をと考えるようにしましょ
う。

Who likes her?

(23) 何が つくえの 上に ありますか。何がありますか。どこに？
　　①　　④　　③　　②
上に，何の？　つくえ。この日本文の中でつくえの上にの部分は，
そのつくえということなので **the desk** と必ず **the** をつけまし
ょう。

What is on the desk?

(24) 私は とてもゆっくり 走ります。私は走ります。どういうふう
　　①　　③　　②
に？　かりにゆっくりとしたならば，とてもがあとにのこって意
味のわからないとてもになってしまうので，とてもゆっくりをひ
とつのグループとして考えるのです。

I run very slowly.

(25) 彼と私は なかのよい友だち です。彼と私なんですよ。何が？
　　①　　　③　　　②
なかのよい友だち。~はまでが1番はじめにくるのです。いくら
長いものでも1つのグループとして考えます。

He and I are good friends.

3日目
be 動詞と一般動詞の使い方

be 動詞の使い方と一般動詞の使い方

――――― □□ここが知りたい□□ ―――――

質問 be 動詞とは，一体どんなものですか。

答え 中学1年生で習うもので言うと is, am, are のように「〜です」をあらわす動詞のことです。数学で使う記号で言うと＝（イコール）と同じ意味をあらわします。

――――― □□ここが知りたい□□ ―――――

質問 動詞とはふつうは何ですか。

答え 動きをあらわします。言葉のとくちょうとしては最後の音をのばしたときに「う」でおわります。be 動詞と呼ばれているものも動詞の一種ですが，普通の動きをあらわす動詞とはちがって，意味が弱く，ほかの単語といっしょに使って，物の状態をあらわす時に使います。動きをあらわす動詞のことを一般動詞と呼んでいます。

be動詞の使い方

まずはbe動詞の使い方から考えていきたいと思います。英語では，isとamとareの3つが日本語の「〜です」にあたるものです。わざわざ3つあるということは，「〜です」に対する考え方が3つあるということがわかります。とにかく英語を自分のものにするには，英語の文の作り方のきまりを自分の頭で理解していくことが一番大切です。

A	私は先生です。I am a teacher. あなたは先生です。You are a teacher.
B	彼は先生です。He is a teacher. 彼らは先生です。They are teachers.

be動詞の使い方には大きくわけて A のパターンと B のパターンの2つにわけられます。ここで1番私たちが気をつけなければいけないのは A のパターンは頭から覚えなければならないということです。なぜ，私は〜です。は I am 〜. なのか，あなたは〜です。は You are 〜. になるのかということをあまり考えすぎないようにしていただきたいということです。英語も日本語も，なぜ？と考えるよりも言葉のきまりだからと考えて，覚えてしまうことが上達の近道なのです。

ただし B のパターンの方は，大いに考えていただきたいのです。英語は，基本的には暗記の教科です。ところが暗記だけではなかなかわかるようにはなりません。そこで，理解をした方が忘れにくいものについては，理解をしてからその結果を覚えるようにしま

す。もし習ったことがないようなものがでてきても、たぶんこうなるのではというように考えられるようになればしめたものです。

これだけは覚えましょう

☑(1)　私は先生です。　I am a teacher.
☑(2)　あなたは先生です。　You are a teacher.

これだけは理解しておきましょう

☑(1)　彼は先生です。　He is a teacher.
☑(2)　彼らは先生です。　They are teachers.

この2つの文をカンタンな絵と記号で考えてみましょう。

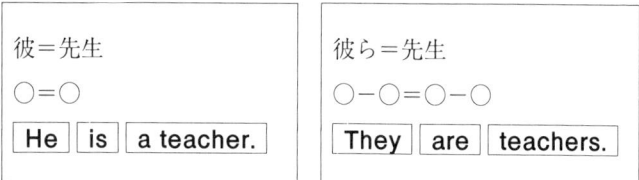

上の2つの例は意味が右と左が＝（イコール）になる場合を絵と記号であらわしたものです。

解説

○は1人または1個をあらわしています。○-○は2人以上または2個以上をあらわしています。「です」がイコールをあらわしている場合には is がくると a teacher、are がくると teachers になります。

これだけは覚えましょう

「~です」がイコールをあらわさないで、ほかの単語とひっついて、状態やようすをあらわすことがあります。次の例文でまる暗記してしまいましょう。

- ☑(1) 私はせがたかい(です) ☑I am tall.
- ☑(2) あなたはせがたかい(です) ☑You are tall.
- ☑(3) 私の父はせがたかい(です) ☑My father is tall.
- ☑(4) 彼はせがたかい(です) ☑He is tall.
- ☑(5) 彼らはせがたかい(です) ☑They are tall.
- ☑(6) その生徒たちはせがたかい(です) ☑The students are tall.
- ☑(7) 彼と私はせがたかい(です) ☑He and I are tall.

解説 注意していただきたいことは、状態やようすをあらわす時にいっしょに使うことばには、sをつける必要はありません。

一般動詞の使い方

―― □□ここが知りたい□□ ――

質問 一般動詞とは何ですか。

答え 一般動詞とはふつう，動きをあらわす動詞のことをいいます。たとえば，走る，およぐ，歌うのようなものを一般動詞と呼んでいます。ただし，「立っている」「もっている」のように状態をあらわしている動詞もあります。

―― □□ここが知りたい□□ ――

質問 どの単語が動詞なのかがわかりません。どうすれば動詞かどうか見わけることができるのですか。

答え これはいい質問です。まず動きをあらわしているかどうかを見ることです。それから日本語で，最後の音をのばすとうでおわっているかを調べてみることです。たとえば，走る hashiru，およぐ oyogu，歌う utau のようにうでおわっているものを動詞といいます。be 動詞 is, am, are（です desu）と区別する場合は走る，およぐ，歌うのような動詞を一般動詞といいます。

―― □□ここが知りたい□□ ――

質問 どんな単語でも，最後がうの音でおわっていると動詞なんですか。ルールにあてはまらないものはないのですか。

答え これはするどい質問です。確かに最後の音が う の音でおわっていても動詞でないものもあります。たとえば，次のようなものが考えられます。走っている→う，走る→うのようなものです。動詞であるかないかを見わける方法を考えてみましょう。

たとえば「あの ちいさい 少年」という１つのグループがあるとします。そしてこの ちいさい の部分にあてはめてみて ちいさい のかわりに使うことができれば，それは動詞ではありません。

「あの 走っている 少年」→ぴったりくる→動詞ではない。

「あの 走る 少年」→ぴったりこない→動詞

――――― □□ここが知りたい□□ ―――――

質問 ３人称のｓという言葉を学校の先生がよくお使いになるのですが，どういう意味ですか。それと３人称というのもよく意味がわかりません。教えてください。

答え be動詞と呼ばれているものに is, am, are があったのを覚えている人も多いと思います。「です」をあらわす方法として is, am, are の３つがあるわけです。この３つの使いわけが３人称の人称というものに関係があるのです。そして３人称にあたる時には，動詞に ｓ をつけるようにきまっているのです。

ここを理解しましょう

会話をする時，だれとだれが最低必要ですか。当然 |私| と |あなた|（すなわち話し相手）にあたる人が必要なのではないでしょうか。そして |私| と |あなた| が話をしている時に通りかかった人がいて，話に加わってきた人が男の人であれば |彼|，女の人であれば |彼女|，あなたのお父さんであれば |彼| のようになります。つまり，|私| と |あなた| 以外は，だれが通りかかっても |彼| または |彼女| になります。

ここを覚えましょう

2人いないと会話はできない	|私| のことが1番大切だから **1人称**。
	|あなた| は2番目に大切だから **2人称**。
3人目の人はいなくても会話はできる	そのほかは |彼| であっても |彼女| であってもすべて **3人称**。

もう少し人称について理解しましょう

――教室でけんかをしている2人がいる――
- 私 「私が正しいのよ。」
- あなた 「君がまちがっているんだよ。」

――そこにおせっかいものが口を出してくる――
- Bさん 「やめなさいよ。」
- 私 「何もわかっていないのに口出しはやめなさい。第3者にはわかんないんだからあっちへ行ってよ。」

このけんかでわかることは
- 私 は1番目の人→1人称
- あなた は2番目の人→2人称
- Bさん （彼女）は3番目の人→3人称

be動詞と一般動詞との関係

──□□ここが大切□□──

文の中にbe動詞または一般動詞のどちらかが必ずあるかどうかを調べなければなりません。もしbe動詞も一般動詞もなければ，それはもう文とは呼ぶことができません。

──□□ここが知りたい□□──

質問 学校の英語の先生に動詞は2つ重なることはないと習いました。なぜ2つ動詞が重ならないのですか。

答え いい質問です。たとえば，あなたの家の中の話で考え

てみたいと思います。お母さんは何人いますか。もちろん1人ですネ。英語にあてはめると最後の音が う でおわるもの（動詞）をお母さんと考えると「です desu」と「もつ motsu」の2つを1つの文の中で使うことは、家にお母さんが2人いるのと同じなんですよ。そこでその場合、もし「もつ」ということを言いたければ「です」を使うことはできないのです。

―――― □□ここが知りたい□□ ――――

質問 3人称のsについて、くわしく教えてください。

答え 私の考えとしては3人称のsについては、あまり深く考えない方がいいと思います。そのかわりに、動詞にsをつける場合とつけない場合の見わけ方をしょうかいします。

まず次の基本文を見てください。

☑I am a teacher. ☑私は先生です。 ☑I run. ☑私は走る。	amにsがないのでrunにsはいりません。
☑You are a teacher. ☑あなたは先生です。 ☑You run. ☑あなたは走る。	areにsがないのでrunにsはいりません。
☑He is a teacher. ☑彼は先生です。 ☑He runs. ☑彼は走る。	isにsがあるのでrunにはsをつけてrunsにします。

ここをまちがえる

　私は本をもっています。**I am have a book.** のような文を書く人をよく見かけます。まちがいを引きおこす原因としては「もっています」が問題となっているようです。「もっています」となっているので「です」が先にきて，「もつ」があとからくるという考えからくるものだと思います。ただしここで考えてほしいのは，先ほどお母さんは家には1人でいいというお話をしましたが，それとまったく同じことで，この場合は「もつ」ということを言いたいのだから「もつ」という動詞（お母さん）だけでいいのです。だから答えとしては **I have a book.** が正しいのです。

4日目
be 動詞と一般動詞の関係

be 動詞（is, am, are）の使い方を練習しましょう。

練習1 次の日本語を英語に直してください。

(1) 私は先生です。

(2) あなたは先生です。

(3) 彼は先生です。

(4) 彼女は先生です。

(5) 私の父は先生です。

(6) 私の母は先生です。

(7) 彼女の兄は先生です。

(8) これはペンです。

(9) このペンはちいさいです。

(10) これはちいさいペンです。

(11) あれは本です。

(12) あの本は古いです。

(13) そのペンはちいさいです。

(14) それはちいさいペンです。

(15) 私の犬は白いです。

〈考え方と解答〉

(1) **I am a teacher.** 私がくれば am ときまっています。

(2) **You are a teacher.** あなたがくれば are になります。

(3) **He is a teacher.** 彼は1人なので is です。

(4) **She is a teacher.** 彼女は1人なので is です。

(5) **My father is a teacher.** 私の父は1人なので is。

(6) **My mother is a teacher.** 私の母は1人なので is。

(7) **Her brother is a teacher.** この日本文からは1人か2人以上かがはっきりしませんが「おにいさんたち」となっていないので1人と考えて is とします。

(8) **This is a pen.** これというのは1本のことなので is。

(9) **This pen is small.** このペンは1本なので is。

(10) **This is a small pen.** これがくれば is。

(11) **That is a book.** あれというのは1さつのことなので is。

(12) **That book is old.** あの本は1さつなので is。

(13) **The pen is small.** そのペンは1本なので is。

(14) **It is a small pen.** それとは1本のことなので is。

(15) **My dog is white.** 私の犬というのがはっきり何びきいるのかがわからないけれども、ふつうは1ぴきと考えて is にします。

〈問題をといてみてわかったこと〉

ポイント1	私 がくれば am, 私の がくれば is。 あなた がくれば are, あなたの がくれば is。 ただし 私の犬 が1ぴきであれば is, 2ひき以上いると考えれば are になります。 あなたの先生 が1人であれば is, 2人以上でいると考えれば are になります。
ポイント2	is, am がイコールの意味をあらわしている時は a pen や a teacher のように a をつける必要があります。You are〜.（あなたは〜です）の時も必ず a teacher のように a をつける必要があります。
ポイント3	is, am, are がイコールではなくて, ようすや状態をあらわす単語といっしょに使う場合の「です」をあらわす場合は a はつける必要はありません。

be 動詞（is, am, are）の使い方を練習しましょう。

練習2 次の日本語を英語に直してください。

(1) これはペンです。

(2) これらはペンです。

(3) それはペンです。

(4) それらはペンです。

(5) あれはペンです。

(6) あれらはペンです。

(7) 私は先生です。

(8) 私たちは先生です。

(9) 彼は先生です。

(10) 彼らは先生です。

(11) 彼女は先生です。

(12) 彼女たちは先生です。

(13) あなたは先生です。

(14) きみたちは先生です。

(15) 彼女の兄は先生です。

(16) 彼女のお兄さんたちは先生です。

(17) あなたのお姉さんは先生です。

(18) あなたのお姉さんたちは先生です。

(19) 彼と私は先生です。

〈考え方と解き方〉

(1) **This is a pen.**　これ＝1本だから **is**。

(2) **These are pens.**　これら＝2本以上だから **are**。

(3) **It is a pen.**　それ＝1本だから **is**。

(4) **They are pens.**　それら＝2本以上だから **are**。

(5) **That is a pen.**　あれ＝1本だから **is**。

(6) **Those are pens.**　あれら＝2本以上だから **are**。

(7) **I am a teacher.**　私＝1人，私は **am** ときまっている。

(8) **We are teachers.**　私たち＝2人以上だから **are**。

(9) **He is a teacher.**　彼＝1人だから **is**。

(10) **They are teachers.**　彼ら＝2人以上だから **are**。

(11) **She is a teacher.**　彼女＝1人だから **is**。

(12) **They are teachers.**　彼女たち＝2人以上だから **are**。

(13) **You are a teacher.**　あなた＝1人，しかしあなたは **are**。

(14) **You are teachers.**　きみたち＝2人以上だから **are**。

(15) **Her brother is a teacher.**　彼女の兄＝1人だから **is**。

(16) **Her brothers are teachers.**　彼女の兄たち＝2人以上だから **are**。

(17) **Your sister is a teacher.**　君の姉＝1人だから **is**。

(18) **Your sisters are teachers.**　君の姉たち＝2人以上だから **are**。

(19) **He and I are teachers.**　彼と私＝2人だから **are**。

〈問題をといてみてわかったこと〉

はじめから we（私たち）とか they（彼ら）とか these（これら），those（あれら）のように複数（2つ以上ある）ということをあらわしている単語の場合は s をつける必要はないのですが，her brothers（彼女のお兄さんたち）のようにお兄さんとか先生のような単語が英文の中にでてくる時は，2つ以上または2人以上あるということがわかる時は必ず s をつけなければなりません。

be 動詞の使い方をマスターしましょう。

練習3 次の日本文を英語にしてください。

(1) これらの本はちいさいです。
(2) あれらの本はちいさいです。
(3) これらはちいさい本です。
(4) あれらはちいさい本です。
(5) 私のむすこは先生です。
(6) 私たちのむすこは先生です。
(7) 私のむすこたちは先生です。
(8) 私たちのむすこたちは先生です。

〈考え方と解答〉

(1) **These books are small.** これらの本＝2さつ以上だから are。
(2) **Those books are small.** あれらの本＝2さつ以上だから are。

(3) **These are small books.** これら＝2さつ以上だから **are**。

(4) **Those are small books.** あれら＝2さつ以上だから **are**。

(5) **My son is a teacher.** 私のむすこ＝1人だから **is**。

(6) **Our son is a teacher.** 私たちのむすこ＝1人だから **is**。

(7) **My sons are teachers.** 私のむすこたち＝2人以上だから **are**。

(8) **Our sons are teachers.** 私たちのむすこたち＝2人以上だから **are**。

〈問題をといてわかったこと〉

my son と our son はけっきょく同じことをあらわしていて，また my sons と our sons も同じことをあらわしているので「私たち」となっているから複数の **s** が必要だとか「私の」となっているから複数の **s** は必要がないと思いこまないようにしなければいけません。

be 動詞と一般動詞の関係をマスターしましょう。

練習 4 次の日本語を英語にしてください。

(1) 私は先生です。
(2) 私は走る。
(3) あなたは先生です。
(4) あなたは走る。
(5) 彼は先生です。
(6) 彼は走る。
(7) 彼女は先生です。

(8) 彼女は走る。

(9) あなたのお父さんは先生です。

(10) あなたのお父さんは走る。

(11) 彼女のお母さんは先生です。

(12) 彼女のお母さんは走る。

(13) あの犬はちいさいです。

(14) あの犬は走る。

〈考え方と解答〉

(1) I am a teacher.	am に s がないので run
(2) I run.	
(3) You are a teacher.	are に s がないので run
(4) You run.	
(5) He is a teacher.	is に s があるので runs
(6) He runs.	
(7) She is a teacher.	is に s があるので runs
(8) She runs.	
(9) Your father is a teacher.	あなたのお父さんは1人だから is, runs
(10) Your father runs.	
(11) Her mother is a teacher.	彼女のお母さんは1人だから is, runs
(12) Her mother runs.	
(13) That dog is small.	is に s があるので runs
(14) That dog runs.	

〈問題をといてみてわかったこと〉

3人称の s をいつつければいいのかということは別に考えなくても、is, am, are さえを区別することができれば、is の場合は動詞に s をつける必要があるが、am, are は動詞に s をつけなくてもよいということがわかります。

be 動詞と一般動詞の関係をマスターしましょう。

練習5 次の日本語を英語にしてください。

(1) 私たちは先生です。
(2) 私たちは走る。
(3) 彼らは先生です。
(4) 彼らは走る。
(5) きみたちは少年です。
(6) きみたちは走る。
(7) これらの犬はちいさいです。
(8) これらの犬は走る。
(9) 彼と私は先生です。
(10) 彼と私は走る。

〈考え方と解答〉

(1)	We are teachers.	私たち＝2人以上だから are,
(2)	We run.	run
(3)	They are teachers.	かれら＝2人以上だから are,
(4)	They run.	run
(5)	You are boys.	きみたち＝2人以上だから are,
(6)	You run.	run
(7)	These dogs are small.	これらの犬＝2ひき以上だから
(8)	These dogs run.	are, run
(9)	He and I are teachers.	彼と私＝2人以上だから are,
(10)	He and I run.	run

これだけは覚えましょう

　ふつうは，動詞のうしろに s をつけるだけですが，すっかりすがたをかえる動詞もあります。しっかり覚えましょう。
　☑ 〜をもつ　have, has　☑ 行く　go, goes　☑〜を見る　watch, watches　☑〜を洗う　wash, washes　☑(〜を) 勉強する　study, studies

5日目
疑問文と否定文のつくり方

疑問文，否定文のつくり方

　中学1年生で習う英語の中で，普通の文（こう定文）を疑問文や否定文にしなさいという問題がテストによくでます。しかし，まったく問題をとかないままでテストを出す中学1年生もよくいるようです。ある日，私が塾のある女の子のテストを見せてもらっていた時に，「君はなぜこの問題を白紙にしているの」とたずねると，「わからないから」と言ってきました。そこで私が「どこがわからないの」とたずねますと「何を書けばいいのかわからないから，何も書かなかったの」と平気な顔で言うのです。今，私がお話ししているような人がふつうの中学1年生のすがたなのです。

――― □□ここが知りたい□□ ―――

| 質問 | 先生に聞きたいことがあります。学校でこう定文とか疑問文とか否定文という名前の文の説明があったのですが，一体どんな文のことなのですか。

| 答え | まず3つの文の中で日常生活においてよく使うものから考えていきたいと思います。

―――| 疑問文 |の| 疑問 |という言葉を考えてみましょう。―――

5日目　疑問文と否定文のつくり方　45

使い方　「先生，きょうの授業の中で 疑問 に思うことがあるのですが教えてくださいますか？」
というように，疑問文とは「〜ですか」のように相手にたずねる時に使うような文のことです。英語では文の一番最後に **?**（はてなマーク，クエスチョンマーク）をつけることになっています。

　　疑問文→「〜ですか」
　　これはペンですか。　Is this a pen?

―― こう定文 と 否定文 の こう定 と 否定 という言葉の使い方を考えてみましょう。――

使い方　先生は彼らに言った。「おまえたちがこれをこわしたにちがいない」。しかし，彼らはそのことについてはこう定も否定もしなかった。

解説　彼らはそのことについてはこう定も否定もしなかった。（彼らはそのことについて，ハイともイイエとも言わなかった。）ということになります。

　　こう定＝ハイ→はい，その通りですよ。
　　否　定＝イイエ→いいえ，ちがいますよ。

　　こう定文→「〜は〜です」
　　これはペンです。　This is a pen.
　　否 定 文→「〜は〜ではありません」
　　これはペンではありません。　This is not a pen.

こう定文や否定文や疑問文にする方法

This is a pen. （否定文にしてください）
　　　　　　　　　（疑問文にしてください）

と書いてあって，それをふつうに意味を理解することもなく，ただたんに **This is not a pen.** （否定文），**Is this a pen?** （疑問文）にするのがあたり前になっているようです。しかしながら意味を理解しないで丸暗記すると，習ったことだけしかできません。本当はある程度のパターンを覚えてしまえば，応用のきくものなのです。

たとえあなたにとって習ったことのない文であっても，その文の中にでてきている単語さえわかっていれば，すべてがとけるようになるような勉強方法を覚えてくださいね。

疑問文と否定文の公式とその使い方

まず，私のおすすめする勉強方法は必ずこう定文（普通の文）を否定文にして，それから疑問文を作る練習をしてほしいということです。それでは，否定文と疑問文の公式を発表します。

```
こう定文   ①  ②      ③
否 定 文   ①  ② not ③
疑 問 文   ②  ①      ③ ?
```

この公式の使い方をていねいに説明していきます。しっかり理解してくださいね。いくつかの例題を通してゆっくりマスターしてしまいましょう。

5日目　疑問文と否定文のつくり方　47

例題1　こう定文を否定文と疑問文にしましょう。

That book is small.（あの本はちいさいです。）

まず上の文を否定文にします。それから疑問文にします。

① それでは，1つのかたまり（グループ）または1つの単語に 線 を引いてみてください。

　　That book is small.　左のようになります。

② 次に　(a)　**That book**（あの本）＋**is**（です）
　　　　　(b)　**That book**（あの本）＋**small**（ちいさい）

上の2つのうちどちらがよく意味がわかるかを考えます。たぶん(b)の方がよくわかると思います。

③ そこで次に **That book＋small** の＋のところに＋のかわりに **not** をいれます。すると次のような文になります。

　　That book is not small.（あの本はちいさくない）
　　　　①　　　②　　③

そして，前から1つ1つのグループまたは単語に番号をつけてみます。すると上で示した否定文の公式にあてはまっていることがわかると思います。

④ 次に①②のところをひっくり返すと，疑問文の公式になります。ということで答えは次のようになります。

　　Is that book small?（あの本はちいさいですか）
　　　②　　①　　　③

例題2　こう定文と否定文と疑問文にしましょう。

He speaks English.（彼は英語を話す）

例題1 のように線を引いてください。

　　He speaks English.　と左のようになります。

(a)　He（彼）＋speaks（話す）

(b)　He（彼）＋English（英語）

(a)の方がよく意味がわかります。だから speaks の前の＋のところに not をいれます。すると次のようになります。

　　<u>He</u> not <u>speaks</u> English.　そして番号をつけます。
　　①　　　③

否定文の公式をよくみるとわかります。否定文の公式は①② not ③なのですが，②がないので，②の部分に do または does をいれなければいけません。この場合 <u>speaks</u> のように動詞（話す
　　　　　　　　　　　　　　　　　③
hanasu）に s がついている場合は s を消して does を②のところにいれると次のようになります。

　　<u>He</u> <u>does</u> not <u>speak</u> English.（彼は英語を話しません）
　　①　②　　　③

そして次は疑問文の公式にあてはめて②①③？にするわけです。

　　<u>Does</u> <u>he</u> <u>speak</u> English?（彼は英語を話しますか）
　　②　①　③

例題3　こう定文を否定文と疑問文にしましょう。

He can run.（彼は走ることができる）

<u>He</u> <u>can</u> <u>run</u>.　線を引きます。

(a)　He（彼）＋can（できる）

(b)　He（彼）＋run（走る）

(b)の方がよく意味がわかります。だから＋のところに not をいれます。

　　<u>He</u> <u>can</u> not <u>run</u>.（彼は走ることができません）
　　①　②　　　③

このままで，否定文の公式にあてはまっているので，このまま①②をひっくり返して，②①③？にします。

<u>Can</u> <u>he</u> <u>run</u>?（彼は走ることができますか）
　②　①　③

例題 4　こう定文を否定文と疑問文にしましょう。

That small boy is running.（あのちいさな少年は走っています）

<u>That small boy</u> <u>is</u> <u>running.</u>　かたまりに線を引きます。

(a)　**That small boy**（あのちいさな少年）＋**is**（です）

(b)　**That small boy**（あのちいさな少年）＋**running**（走っている）

(b)の方が意味がよくわかります。だから＋のところに **not** をいれます。

<u>That small boy</u> <u>is not running.</u>（あのちいさい少年は走っていません）
　　①　　　　　　②

否定文の公式にあてはまっているので，このままで疑問文の公式にあてはめて②①③？とします。

<u>Is</u> <u>that small boy</u> <u>running</u>?（あのちいさい少年は走っていますか）
②　　　①

例題 5　こう定文と否定文と疑問文にしましょう。

You have a book.（あなたは本をもっています）

<u>You</u> <u>have</u> <u>a book.</u>（かたまりに線を引いてください。）

(a) **You**（あなた）＋**have**（もっている）

(b) **You**（あなた）＋**a book**（本）

(a)の方がよくわかるので＋のところに **not** をいれます。

$\underline{\text{You}}_{①}$ not $\underline{\text{have a book}}_{③}$. になります。否定文の公式は①② not ③なので、②のところに do をいれます。

$\underline{\text{You}}_{①}$ $\underline{\text{do}}_{②}$ not $\underline{\text{have a book}}_{③}$.（君は本をもっていません）

$\underline{\text{Do}}_{②}$ $\underline{\text{you}}_{①}$ $\underline{\text{have a book}}_{③}$?（君は本をもっていますか）

これだけは覚えましょう

☐もつ have（ヘァヴ），has（ヘァズ） ☐行く go（ゴウ），goes（ゴウズ） ☐～を見る watch（ワッチ），watches（ワッチィズ） ☐～を洗う wash（ワッシ），washes（ワッシィズ） ☐勉強する study（スタディ），studies（スタディズ）

── ☐☐ここが大切☐☐ ──

英文の中に has, goes などのように s がある場合は必ず does をいれて have, go にもどしましょう。

また、is, am, are がない英文を、否定文や疑問文にしなさいという問題がでた時は、do か does を使って否定文と疑問文を作りましょう。

——この本を信じて読みすすんでいる人へ——

　私の否定文，疑問文の公式の使い方を理解してしまうととてもトクです。たとえば次のような例があるとします。

〈中1の文〉	〈中3で習う文〉
You have a book. あなた　もつ　　本 （あなたは本をもっている）	You have seen Tokyo. あなた　もつ　みた　東京 （あなたは東京をみたことがある）
(a) You（あなた）+ have（もつ）	(a) You（あなた）+ have（もつ）
(b) You（あなた）+ a book（本）	(b) You（あなた）+ seen（見た）
(a)がよくわかるので have の前に not を入れると You ___ not have a book. ① ②　　　③ You do not have a book. ① ②　　　③ Do you have a book? ② ①　　③	(c) You（あなた）+ Tokyo（東京） (b)が一番よくわかるので seen の前に not を入れます。 You have not seen Tokyo. ① ②　　③ Have you seen Tokyo? ② ①　　③

解説　もし私の公式を知っている人であれば，中3で習う文を今の力でとくことができますが，もし知らなければ中1，中2で満点を取ることができる人でも，中3で習う文はとくことができません。いつも満点を取る人なら，have がきているので do を使って否定文と疑問文を作れるからです。

6日目
疑問文と否定文の練習

疑問文と否定文をつくってみましょう。

練習1 次の英文の１つのかたまりに英文の下に線を引いてください。

(1) He has a book.
(2) He can speak English.
(3) He is a teacher.
(4) He speaks English.
(5) He is speaking English.
(6) That book is very small.
(7) Your father goes to Tokyo.
(8) You have a small book.
(9) His father's brother runs in the park.
(10) He is writing a letter.

ヒント can（ケン）できる speak（スピーク）～を話す goes（ゴウズ）行く brother（ブラざ～）兄または弟 writing（ウライティン・）書いている letter（レタ～）手紙 have（ヘァヴ）もっている has（ヘァズ）もっている father's（ファーざ～ズ）父の runs（ウランズ）走る very（ヴェゥリ）とても in the park（イン ざ パーク）公園（の中）で to（トゥー）～へ

〈考え方と解答〉

(1) He has a book.
(2) He can speak English.
(3) He is a teacher.
(4) He speaks English.
(5) He is speaking English.
(6) That book is very small.　とてもちいさいを1つにする。
(7) Your father goes to Tokyo.　きみのお父さん，東京へを1つのかたまりとして考える。
(8) You have a small book.　ちいさい本を1さつとする。
(9) His father's brother runs in the park.　彼の父の兄または弟を1つのかたまりとする。そして公園でも1つのかたまりとして考える。
(10) He is writing a letter.

練習2　次の英文のどこにnotをいれるべきかを考えましょう。

(1) He has a book.
(2) He can speak English.
(3) He is a teacher.
(4) He speaks English.
(5) He is speaking English.
(6) That book is very small.
(7) Your father goes to Tokyo.
(8) You have a small book.

(9) His father's brother runs in the park.
(10) He is writing a letter.

〈考え方と解答〉　※○は意味のよくわかる方

(1) ○He（彼）+has（もつ）
　　He（彼）+a book（本）
　答え He not has a book.

(2) He（彼）+can（できる）
　　○He（彼）+speak（話す）
　　He（彼）+English（英語）
　答え He can not speak English.

(3) He（彼）+is（です）
　　○He（彼）+a teacher（先生）
　答え He is not a teacher.

(4) ○He（彼）+speaks（話す）
　　He（彼）+English（英語）
　答え He not speaks English.

(5) He（彼）+is（です）
　　○He（彼）+speaking（話している）
　　He（彼）+English（英語）
　答え He is not speaking English.

(6) That book（あの本）+is（です）
　　○That book（あの本）+very small（とてもちいさい）
　答え That book is not very small.

(7) ○Your father（あなたの父）+goes（行く）

　　　　Your father（あなたの父）＋to Tokyo（東京へ）

　答え　Your father not goes to Tokyo.

(8)　○You（あなた）＋have（もつ）

　　　　You（あなた）＋a small book（ちいさい本）

　答え　You not have a small book.

(9)　○His father's brother（彼の父の兄）＋runs（走る）

　　　　His father's brother（彼の父の兄）＋in the park（公園で）

　答え　His father's brother not runs in the park.

(10)　　He（彼）＋is（です）

　　　　○He（彼）＋writing（書いている）

　　　　He（彼）＋a letter（手紙）

　答え　He is not writing a letter.

練習3　練習2の答えである次の英文に，②にあたるところがあるかないか調べましょう。そして，②がなければdoかdoesをおぎなって否定文と疑問文を作ってください。

(1)　He not has a book.
(2)　He can not speak English.
(3)　He is not a teacher.
(4)　He not speaks English.
(5)　He is not speaking English.
(6)　That book is not very small.
(7)　Your father not goes to Tokyo.
(8)　You not have a small book.

(9) His father's brother not runs in the park.

(10) He is not writing a letter.

〈考え方と解答〉

(1) He ☐ not has a book.
   ① ②   ③

   He does not have a book.
   ① ②   ③

   Does he have a book?
    ②   ①   ③

(2) He can not speak English.
   ① ②

   Can he speak English?
    ② ①

(3) He is not a teacher.
   ① ②

   Is he a teacher?
   ② ①

(4) He ☐ not speaks English.
   ① ②   ③

   He does not speak English.
   ① ②   ③

   Does he speak English?
    ②   ①   ③

(5) He is not speaking English.
   ① ②

   Is he speaking English?
   ② ①

(6) That book is not very small.
     ①   ②

   Is that book very small?
   ②   ①

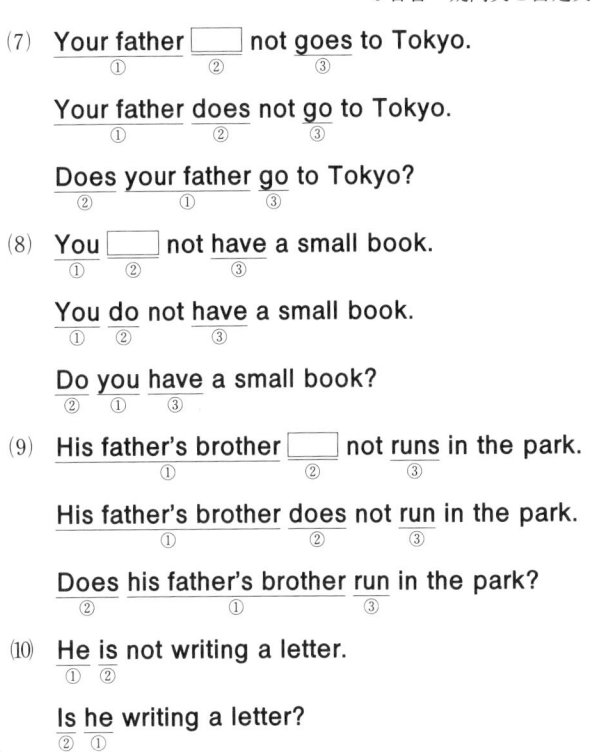

6日目　疑問文と否定文の練習　57

(7) Your father ▢ not goes to Tokyo.
　　　①　　　　②　　　③

　　Your father does not go to Tokyo.
　　　①　　　　②　　③

　　Does your father go to Tokyo?
　　　②　　　①　　③

(8) You ▢ not have a small book.
　　①　②　　　③

　　You do not have a small book.
　　①　②　　③

　　Do you have a small book?
　　②　①　③

(9) His father's brother ▢ not runs in the park.
　　　　　①　　　　　②　　　③

　　His father's brother does not run in the park.
　　　　　①　　　　　②　　　③

　　Does his father's brother run in the park?
　　　②　　　　①　　　　③

(10) He is not writing a letter.
　　　①　②

　　Is he writing a letter?
　　②　①

〈問題をといてみてわかったこと〉

notをいれるところがきまった時，you（あなた），I（私）以外はふつうdoesを使って，否定文と疑問文を作ればいいということがわかります。とにかく，<u>否定文と疑問文を作る時はいつでも動詞のsのない形を使う</u>ということなのです。

練習 4　次の文を否定文と疑問文にしてください。

(1) They go to school.
(2) You go to school.
(3) Your father goes to school.
(4) His sisters speak English.
(5) His sister speaks English.

〈考え方と解答〉

(1) They do not go to school.
　　①　②　　　③

　　Do they go to school?
　　②　①　③

(2) You do not go to school.
　　①　②　　　③

　　Do you go to school?
　　②　①　③

(3) Your father does not go to school.
　　　①　　　②　　　　③

　　Does your father go to school?
　　②　　①　　　③

(4) His sisters do not speak English.
　　　①　　②　　　③

　　Do his sisters speak English?
　　②　①　　　③

(5) His sister does not speak English.
　　①　　②　　　③

　　Does his sister speak English?
　　②　①　　　③

〈といてみてわかったこと〉

you（あなた）と I（私）以外でとにかく<u>1人</u>または<u>1個</u>をあらわしている時は does を使い，<u>2人以上</u>または<u>2個以上</u>が①のところにあれば do を使う。

7日目
疑問詞の使い方

疑問詞の使い方

　疑問詞と呼ばれているものがたくさんあります。たとえば，日本語でいうと， いつ ， どこで ， だれ が， 何 をのようなものが疑問詞にあてはまります。英語においても，疑問詞がなければこみいった話をすることはできません。私たちは，疑問詞と呼ばれるものを疑問文の中にいっしょに使って，いろいろなことを相手にたずねたりしながら会話をより楽しいものにしていきます。ということは，疑問詞というものがなければ，ふくざつな話をすることができないということです。そこで私たちは，いろんな疑問詞の英語を覚える必要があるわけです。

これだけは覚えましょう

☐いつ　when（ウェン）　　☐どこで　where（ウェア〜）
☐だれが　who（フー）　　☐だれの(もの)　whose（フーズ）
☐何　what（ワットゥ）　　☐どんな　what（ワットゥ）
☐どうして　how（ハウ）　　☐どれぐらい　how（ハウ）
☐何時　what time（ワッ・タイム）
☐何さつの本　how many books（ハウメニブックス）

☑何才　how old（ハウオウオドゥ）

☑どれぐらい深い　how deep（ハウディープ）

☑どれぐらい広い　how wide（ハウワイドゥ）

☑どれぐらい長い　how long（ハウロン・）

☑どれぐらい遠い，どれぐらいのきょり　how far（ハウファー）

☑どれぐらいしばしば，☑何回　how often（ハウオーフン）

☑何回　how many times（ハウメニタイムズ）

疑問詞ではじまって「～ですか」でおわる文の作り方

「～ですか」でおわる文には，2つのパターンがあります。

パターン1		パターン2	
「これはペンですか」		「これは何ですか」	
答え方は？	はい，いいえ，のように答えます。	答え方は？	はい，いいえ，では答えられません。つまり，疑問詞に対してはっきりと答えなければならないのです。
大切な言葉は何？	「～ですか」ということを聞きたいので Is～?，Are～? のような聞き方をします。	大切な言葉は何？	この文の中では，何という言葉が1番大切なので，何ですかというところを一番最初にもってくる必要があります。

例題 1

(1) あなたの名前は│何ですか　What is your name?
　　②　　　　　①　　　　　　①　　②

(2) 彼は│どこにいますか　Where is he?
　　②　　①　　　　　　　①　　②

(3) この白い犬は│何才ですか　How old is this white dog?
　　②　　　　　①　　　　　　①　　②

□□ここが大切□□

疑問詞が日本文の中にはいっていて「～ですか」でおわっているものはいつも ～は│～ですか の文の形をとります。ただ
　　　　　　　　　　　　　　　　　②　　①
し，どこに彼はいますか。のように，どこにといますかがはなれている時もあるかもしれません。そんな時は，文を次のように作り直してから英語にしてください。

　彼は│どこにいますか
　②　　①

これだけは覚えましょう

　あなたの名前は│何ですか　What is your name?
　　②　　　　　①

のように疑問詞＋～ですかのパターンを覚えましょう。

7日目　疑問詞の使い方

<〜は〜ですかの公式>

〜は ②　｜〜ですか ①

---── □□ここが大切 □□ ──---

☑あなたは｜だれですか　Who are you?
　②　　　①

☑彼は｜だれですか　Who is he?
　②　　①

☑私は｜だれですか　Who am I?
　②　　①

　｜私｜，｜あなた｜が文の中にある場合は，I があるから **am**，**you** があるので **are** を使わなければなりません。

　my（私の），your（あなたの）の場合には次のように考えましょう。

　my｜book｜，your｜book｜であれば｜is｜→｜本が1さつ｜
　my｜books｜，your｜books｜であれば｜are｜→｜本が2さつ以上｜

ここだけは覚えましょう

☑何が｜そのつくえの上に｜ありますか
　①　　　　③　　　　　　②

☑**What is on the desk?**
　　①　②　　　③

☑だれが｜きみの部屋に｜いますか
　①　　　　③　　　　　②

☑**Who is in your room?**
　①　②　　　③

〈「～が～ですか」の公式〉

~が ③｜いますか（ありますか）
① ②

□□ここが大切□□

〈be動詞を使わない時の疑問詞の使い方〉

疑問詞というのは，疑問に思った時に使う言葉なので，必ず疑問文といっしょに使います。そこで，ふつう，学校では疑問詞のついた疑問文という言葉を使います。

□□ここが知りたい□□

質問 疑問詞のついた疑問文というのはどういう意味なのですか。

答え この言葉は，本当によく考えて作ってあると私はいつも感心しています。次の表をよく見てください。

疑問詞の	ついた	疑問文
いつ（when） どこ（where）	＋	is he ～? are you ～? do you ～? does he ～?
例 when	＋	do you study?
例 where	＋	is he?

7日目　疑問詞の使い方　65

例題1　次の日本文を英語にしてください。

「あなたはいつ勉強しますか。」

まず1番大切なところに線を引きます。

「あなたは<u>いつ</u>勉強しますか。」　　日本語的な日本文

「いつ＋あなたは勉強しますか。」　　英語的な日本文

　when＋do you study?　　　　英文

例題2　次の日本文を英語にしてください。

「彼はどこで走りますか。」

まず1番大切なところをみつけます。

「どこで＋彼は走りますか。」

where＋does he run?

答え　Where does he run?

例題3　あなたは毎日何時に勉強しますか。

まず1番大切なところ	何時に	①
つけくわえのかたまり	毎日	③
『～は～か』のかたまり	あなたは勉強しますか	②

①，②，③の順番に英語を直すと正しい英文ができる。

<u>何時に</u>＋<u>あなたは勉強しますか</u>＋<u>毎日</u>？

what time＋do you study＋every day?

答え　What time do you study every day?

| 例題 4 | 次の日本文を英語にしてください。 |

「あなたはあのかばん(の中)に何をもっていますか。」

まず1番大切なことば	何	①
つけくわえのかたまり	あのかばんの中に	③
「~は~か」のかたまり	あなたはもっていますか	②

①,②,③の順番に英語に直すと正しい英文ができる。

何+あなたはもっていますか+あのかばんの中に

what+do you? have+in that bag

| 答え | What do you have in that bag? |

〈下線のところが答えとなるような質問を作る方法〉

| 練習 1 | 次の英文の下線のところが答えとなるような質問を作ってください。

(1) I am **12 years old**. (私は12才です)
(2) I am **a teacher**. (私は先生です)
(3) I am **Nagasawa**. (私は長沢です)
(4) I have **a book**. (私は本をもっています)
(5) I have **2 books**. (私は2さつの本をもっています)

〈考え方と解答〉

(1)　I am <u>12 years old.</u>（12才）　I am
　　　　　how old（何才）＋you are
　　　　　how old　　　＋are you?

> 答え　<u>How old are you?</u>（君は何才ですか）

(2)　I am <u>a teacher.</u>（先生）　I am
　　　　　what（何）＋you are
　　　　　what　　＋are you?

> 答え　<u>What are you?</u>（君の仕事は何ですか）

(3)　I am <u>Nagasawa.</u>（長沢）　I am
　　　　　who（だれ）＋you are
　　　　　who　　　＋are you?

> 答え　<u>Who are you?</u>（君はだれですか）

(4)　I have <u>a book.</u>（本）　I have
　　　　　what（何）＋you have
　　　　　what　　＋do you have?

> 答え　<u>What do you have?</u>（君は何をもっていますか）

(5)　I have <u>2 books.</u>（2さつの本）　I have
　　　　　how many books＋you have
　　　　　how many books＋do you have?

> 答え　<u>How many books do you have?（あなたは何さつの
本をもっていますか）</u>

──────── □□ここが大切□□ ────────

I am ならば **you are, are you?**

I have ならば **you have, do you have?**

のようにすることをわすれてはいけません。

相手にたずねる文にしなければなりませんから。
──────────────────────────────

[練習2] 次の英文の下線のところが答えとなるような質問を作ってください。

(1) **My name is <u>Nagasawa</u>.**（私の名前は長沢です。）

(2) **I have <u>a book</u> in my bag.**（私は私のカバンの中に本をもっています。）

〈考え方と解答〉

(1) My name is <u>Nagasawa</u>（長沢）　my name is

　　　　　what（何）＋your name is

　　　　　what　　　＋is your name?

[答え] <u>What is your name?</u>（あなたのお名前は何ですか）

(2) I have <u>a book</u>（本）in my bag.

　　　　　what（何）　＋I have＋in my bag

　　　　　what　　　　＋you have＋in your bag

　　　　　what　　　　＋do you have＋in your bag?

[答え] <u>What do you have in your bag?</u>（あなたはあなたのかばんの中に何をもっていますか）

―――― □□ここが大切□□ ――――

I を you にするのは，わりとカンタンですが，my name ならば your name，in my bag なら in your bag のようなこまかい点にも気をつけましょう。

―――― □□ここが大切□□ ――――

He is <u>Nagasawa</u>. (彼は長沢です) のように I 以外の場合は，そのまま下線を問う疑問詞＋is he? でよい。

答えは Who is he? (彼はだれですか)

8日目
疑問文のつくり方

はい，いいえタイプと疑問詞タイプ

練習1　次の日本文を2つのパターン（1．はい，いいえタイプ，2．疑問詞タイプ）にわけてください。

はい，いいえタイプ	疑問詞タイプ
は ┌──┐ ですか ② ③ ①	は ┌ ですか ② ①
はい，いいえで答えられる時のパターン	はい，いいえで答えられない時のパターン。疑問詞がはいっているのが特色

(1) これはペンですか。

(2) これは何ですか。

(3) 彼はせが高いですか。

(4) あなたの名前は原田かおるさんですか。

(5) あなたの名前は何ですか。

(6) あのちいさい少年はだれですか。

(7) あなたは19才ですか。

(8) あなたは何才ですか。

(9) これはだれのペンですか。

(10) このペンはだれのものですか。

(11) このペンはあなたのものですか。

(12) 彼はどこにいますか。

(13) リカさんはひむろさんの部屋（の中）にいますか。

(14) あなたはだれですか。

(15) あなたは平沢さんですか。

〈考え方と解答〉

(1) これは ｜ペン｜ですか　１．はい，いいえタイプ
　　②　　③　　①

(2) これは ｜何ですか　２．疑問詞タイプ
　　②　　①

(3) 彼は ｜せが高い｜ですか　１．はい，いいえタイプ
　　②　　③　　①

(4) あなたの名前は ｜原田かおるさん｜ですか　１．はい，いいえタイプ
　　②　　　　　　③　　　　　　　①

(5) あなたの名前は ｜何ですか　２．疑問詞タイプ
　　②　　　　　　①

(6) あのちいさい少年は ｜だれですか　２．疑問詞タイプ
　　②　　　　　　　　①

(7) あなたは ｜19才｜ですか　１．はい，いいえタイプ
　　②　　　③　　①

(8) あなたは ｜何才ですか　２．疑問詞タイプ
　　②　　　①

(9) これは ｜だれのペンですか　２．疑問詞タイプ
　　②　　①

(10) このペンは ｜だれのものですか　２．疑問詞タイプ
　　②　　　　①

(11) このペンは ｜あなたのもの｜ですか　１．はい，いいえタイプ
　　②　　　　③　　　　　　　①

(12) 彼は │どこにいますか│　　２．疑問詞タイプ
　　　② 　　　①

(13) リカさんは│ひむろさんの部屋(の中)に│いますか
　　　②　　　　　③　　　　　　　　　①

　　　　　　　　　　　　　　　　１．はい, いいえタイプ

(14) あなたは│だれですか│　　２．疑問詞タイプ
　　　②　　　①

(15) あなたは│平沢さん│ですか│　　１．はい, いいえタイプ
　　　②　　　③　　　①

練習２　　次の日本文を英語に直してください。

(1) これはペンですか。
(2) 彼はせが高いですか。
(3) あなたの名前は原田かおるさんですか。
(4) あなたは19才ですか。
(5) このペンはあなたのものですか。
(6) リカさんはひむろさんの部屋にいますか。
(7) あなたは平沢さんですか。

〈考え方と解答〉

　１から７は　　は│　　│ですか　のパターンにあてはまっている
　　　　　　　　②　③　　①

ので, カンタンにとけるはずです。

(1) **Is this a pen?**
(2) **Is he tall?**
(3) **Is your name Kaoru Harada?**
(4) **Are you 19 years old?**

(5) Is this pen yours?
(6) Is Rika in Himuro's room?
(7) Are you Miss Hirasawa?

練習3 次の日本文を英語に直してください。

(1) これは何ですか。
(2) あなたの名前は何ですか。
(3) あの小さい少年はだれですか。
(4) あなたは何才ですか。
(5) これはだれのペンですか。
(6) このペンはだれのものですか。
(7) 彼はどこにいますか。
(8) あなたはだれですか。

〈考え方と解答〉

疑問詞のはいっているパターンなので　は｜ですか になります。
　　　　　　　　　　　　　　　　　　② ①
とてもカンタンにとけます。

(1) What is this?
(2) What is your name?
(3) Who is that small boy?
(4) How old are you?
(5) Whose pen is this?
(6) Whose is this pen?
(7) Where is he?
(8) Who are you?

練習4 次の日本文を英語に直してください。how＋□のパターンを使って英語にしてください。

(1) あなたは何才ですか。
(2) あなたのお父さんは何才ですか。
(3) この池はどれぐらい深いですか。
(4) この川はどれぐらい長いですか。
(5) この川はどれぐらい広いですか。
(6) この家はどれぐらい古いですか。

ヒント　pond（パンドゥ）池　long（ロン・）長い
　　　　river（ゥリヴァ～）川　wide（ワイドゥ）広い
　　　　house（ハウス）家　old（オウオドゥ）古い
　　　　deep（ディープ）深い

〈考え方と解答〉

この1～6も，疑問詞のパターンにあてはまるので，パターンさえ理解することができれば，カンタンにとけると思います。パターンとしては ②は ①ですか になります。

(1) How old are you?
(2) How old is your father?
(3) How deep is this pond?
(4) How long is this river?
(5) How wide is this river?
(6) How old is this house?

練習5 次の日本文を英語に直してください。

(1) あなたは勉強しますか。
(2) あなたはいつ勉強しますか。
(3) あなたはどこで勉強しますか。
(4) あなたはなぜ勉強するのですか。
(5) あなたは何時間勉強しますか。
(6) あなたは毎日何時間勉強しますか。
(7) あなたは何時にテレビを見ますか。
(8) あなたはどこでテレビを見ますか。
(9) あなたはいつテレビを見ますか。
(10) あなたは何時間テレビを見ますか。
(11) あなたはなぜテレビを見るのですか。

ヒント
when (ウェン) いつ
where (ウェア〜) どこで
why (ワイ) なぜ
what time (ワッ・タイム) 何時
how many hours (ハウメニアウァ〜ズ) 何時間
every day (エヴゥリデイ) 毎日
watch television (ワッチテレヴィジュン) テレビをみる

〈考え方と解答〉

(1) **Do you study?** 疑問文
(2) **When + do you study?** 疑問詞+疑問文だから
 答えは **When do you study?**
(3) **Where do you study?** 疑問詞のついた疑問文
(4) **Why do you study?** 疑問詞のついた疑問文

(5) **How many hours do you study?**　疑問詞＋疑問文

(6) あなたは毎日，何時間勉強しますか（おとなの文）

　この日本文はちょっとむずかしいので，くわしく説明をしたいと思います。

1番大切なところ（疑問詞）	何時間	①
つけくわえのかたまり（おまけ）	毎日	③
「～は～ですか」（赤ちゃんの文）	あなたは勉強しますか	②

①②③の順番に英語に直します。

何時間＋あなたは勉強しますか＋毎日

how many hours＋do you study＋every day

　答え　**How many hours do you study every day?**

(7)　**What time do you watch television?**

(8)　**Where do you watch television?**

(9)　**When do you watch television?**

(10)　**How many hours do you watch television?**

(11)　**Why do you watch television?**

　7～11は疑問詞のついた疑問文なので，疑問詞＋疑問文の形になっていればOK。

―――― □□ここが大切□□ ――――

　どんな文でもとてもカンタンな文（赤ちゃんの文）からできています。おとなの文（ややこしい文）があっても必ずよく考えると，疑問詞＋赤ちゃんの文＋おまけ（つけくわえの文）でできていることがわかります。

8日目 疑問文のつくり方 77

練習6 次の日本文を英語に直してください。

(1) あなたのお父さんは10時にねますか。

(2) あなたのお父さんはいつねますか。

(3) 彼は6時に起きますか。

(4) 彼は何時に起きますか。

ヒント go to bed（ゴウトゥベッドゥ）ねる
get up（ゲタップ）起きる
at 10（アッ・テン）10時に
your father（ヨーファーざ～）あなたの父

〈考え方と解答〉

(1) あなたのお父さんはねますか＋10時に

Does your father go to bed＋at 10?

答え Does your father go to bed at 10?

(2) いつ＋あなたのお父さんはねますか

when＋does your father go to bed?

答え When does your father go to bed?

(3) 彼は起きますか＋6時に

Does he get up＋at 6?

答え Does he get up at 6?

(4) 何時に＋彼は起きますか

what time＋does he get up?

答え What time does he get up?

9日目 赤ちゃんの文とおとなの文!?

赤ちゃんの文とおとなの文の関係

赤ちゃんの文,おとなの文というのは私が考えた言い方なのでほかの本にはのっていません。だから,この本以外では勉強することはできないわけです。

それでは,赤ちゃんの文とおとなの文についての話をはじめたいと思います。私たちはすべて生まれた時は赤ちゃんなんですよ。たとえば,中学生の人も,もとは赤ちゃんだったのですね。赤ちゃんのお父さんやお母さんたちも,むかしは赤ちゃんだったわけです。つまり,どんな人間も,もとは赤ちゃんだということです。英語の場合もまったく同じように考えることができるのです。

ひとつカンタンな例をあげてみましょう。
これはちいさいペンです。という日本文があるとします。
これはペンです。が**赤ちゃんの文**で,これはちいさいペンです。が**おとなの文**になります。

これはペンです。　**This is a pen.** (赤ちゃんの文)
これはちいさいペンです。　**This is a small pen.** (おとなの文)

つまり，This is はどちらも同じなんですが，a pen というかたまりの中に small がはいってきて a small pen になったということなんです。

　私は，とても短くてカンタンな文でひとつの単語をくわしく説明したり，もっとくわしい文にするために，いろいろな単語をひっつけているだけなんです。

　ここでひとつおもしろい話で，中学生の人には信じてもらえないような話があります。高校生の人に次のような文をだしたら，どれぐらいの人ができると思いますか。10人いれば3人ぐらいはまずまちがえる人がいるのです。

　その問題とはこれです。

　これはとても小さいペンです。　This is very small pen.

　こんな答えを書く人が10人中3人ほどは必ずいます。

　なぜまちがえるのか，どこがおかしいのか君たちはわかりますか。この問題は赤ちゃんの文とおとなの人の関係を知っている人があれば全員正しい答えをだすことができるのです。

　どうしたらまちがえずにとくことができるのか考えてみましょう。

　　　　これはとても小さいペンです。→おとなの文
（日本文）　これはペンです。→赤ちゃんの文
（英　文）　This is＋a pen →赤ちゃんの文
　　　　　　　　　↓
　　　　　a small pen→おとなの文
　　　　　　　　　↓
　　This is＋a very small pen→おとなの文

つまり、はじめに英語に直した英文をよく見てもらうとわかりますが、**This is very small pen.** となって a がぬけているのですが、よく考えてみるとどうまちがっても a をぬかすことはありえないのです。なぜかと言うと **This is a pen.**（これはペンです）が赤ちゃんの文なのですから、こんなカンタンな文を知らない人はだれもいないからです。

つまり、赤ちゃんの時に足が2本あればおとなになっても足は2本なのです。ですから、赤ちゃんの文に a があれば、おとなになっても a があるのは当然なのです。

| 例題1 | 次の日本文の赤ちゃんの文とおまけ（つけくわえのかたまり）をさがしてください。そして、これらを参考にして次の日本文を英語に直してください。

(1) 彼はとても速く走ることができる。
(2) 彼は英語をじょうずに話すことができる。
(3) 私はこのかばんの中に2さつの本をもっています。
(4) 私は6時におきます。
(5) 私は夕食の後で勉強をします。
(6) 彼はとてもせがたかい少年です。
(7) 私は午前中に勉強をします。
(8) 私はあの木の下に立っている2人の少年を知っています。
(9) 私は11時にねます。
(10) 私は彼といっしょにあそぶ。
(11) 私たちはいっしょにあそぶ。

ヒント　very fast（ヴェゥリフェアストゥ）とても速く

can (ケン) できる　well (ウェオ) じょうずに
speak (スピーク) 〜を話す　in (イン) 〜の中に
get up (ゲタップ) 起きる
after dinner (エァフタ〜ディナ〜) 夕食のあとで
study (スタディ) 勉強をする　tall (トーオ) せがたかい
in the morning (インザモーニン・) 午前中に
standing (ステァンディン・) 立っている
tree (チュリィー) 木　know (ノウ) 知っている
go to bed (ゴウトゥベッドゥ) ねる
with him (ウィずヒム) 彼といっしょに
together (トゥゲざ〜) いっしょに

〈考え方と解答〉

(1) 彼はとても速く走ることができる。

　　赤ちゃんの文　彼は走る　　He runs

　　おとなの文　　彼は走ることができる　　He can run

　　おまけ　　　　とても速く　very fast

　　答え　He can run very fast.

─── □□ここが知りたい□□ ───

質問 He runs（彼は走る）には s がついているのに He can run（彼は走ることができる）には s がないのはなぜですか。

答え not がはいる位置を考えてみるとよくわかります。否定文と疑問文の公式があります。

```
① ② not ③
② ① ③ ?
```

上の公式にあてはめてみると次のようになります。

```
He ___ not runs.
He runs→①③
He can run→He(彼)＋can(できる)
              He(彼)＋run(走る)
         He can not run.
            ①   ②
```

つまり①② not の②のところに単語がはいっていると 動詞 に s はつきません。

だから He ___ not runs になって②のところに単語がないので動詞に s が必要なわけです。
　　　① 　②

(2) 彼はじょうずに英語を話すことができる。

　赤ちゃんの文　彼は英語を話す　　He speaks English
　おとなの文　　彼は英語を話すことができる

9日目　赤ちゃんの文とおとなの文！？　83

　　　　　　　　　　He can speak English
おまけ　　　　じょうずに　　well
答え　He can speak English well.

(3) 私はこのかばんの中に2さつの本をもっています。

赤ちゃんの文　私は2さつの本をもっています

　　　　　　　　I have 2 books

おまけ　　　このかばんの中に　　in this bag

答え　I have 2 books in this bag.

——————□□ここが知りたい□□——————

質問　なぜ「このかばんの中に」が in this bag になるのですか。

答え　英語はキャッチボールだの法則にあてはめなければならないのでどこにと質問すると中に in と答えて何のに対しこのかばん this bag と答えるので in this bag となるのです。

(4) 私は6時に起きます。

赤ちゃんの文　私は起きます　I get up

おまけ　　　　6時に　　　　at 6

答え　I get up at 6.

(5) 私は夕食の後で勉強をします。

赤ちゃんの文　私は勉強をします　I study

おまけ　　　夕食の後で　　　　after dinner

答え　I study after dinner.

(6) 彼はとてもせが高い少年です。

　　赤ちゃんの文　彼は少年です　　He is a boy

　　おとなの文　　とてもせが高い　very tall

　答え　**He is a very tall boy.**

(7) 私は午前中に勉強をします。

　　赤ちゃんの文　私は勉強をします　I study

　　おまけ　　　　午前中に　　　　in the morning

　答え　**I study in the morning.**

(8) 私は あの木の下に 立っている 2人の少年を 知っています。

　まず1つのかたまりに──を引きます。

　次に赤ちゃんの文とおまけがどれか考えます。

　　赤ちゃんの文　私は｜2人の少年を｜知っています
　　　　　　　　　①　　　③　　　　　　②

　　　　　　　I know 2 boys

　　おまけ　　　あの木の下に 立っている

| I know 2 boys
私は知っている　2人の少年 | どんな少年　どこに　何の
＋立っている　下に　あの木
standing　under　that tree |

　答え　**I know 2 boys standing under that tree.**

(9) 私は11時にねます。

　　赤ちゃんの文　私はねます　I go to bed

　　おまけ　　　　11時に　　　at 11

　答え　**I go to bed at 11.**

(10) 私は彼といっしょにあそぶ。

　　赤ちゃんの文　私はあそぶ　　　I play

おまけ　　　　彼といっしょに　with him

答え　I play with him.

(11) 私たちはいっしょにあそぶ。

赤ちゃんの文　私たちはあそぶ　we play

おまけ　　　　いっしょに　　　together

答え　We play together.

10日目
10日間の復習をしよう！

　10日目はちょうど20日間のおり返しなので今まで勉強したところの大切なところと赤ちゃんの文とおとなの文のおまけについての考え方の練習をしましょう。

練習1　次の日本文を英語に直してください。「〜は〜ですか」シリーズ

(1)　あなたはだれですか。
(2)　彼はだれですか。
(3)　彼女はだれですか。
(4)　あの少年はだれですか。
(5)　私はだれですか。
(6)　あなたの名前はなんですか。
(7)　あの青い鳥はなんですか。
(8)　このペンはだれのものですか。
(9)　これはだれのペンですか。
(10)　あなたは何才ですか。
(11)　あなたのお父さんは何才ですか。
(12)　彼は何才ですか。
(13)　彼女のお母さんは（仕事は）何ですか。

(14) この川はどれぐらい長いですか。

(15) この川はどれぐらい広いですか。

(16) この川はどれぐらい深いですか。

(17) この家はどれぐらい古いですか。

(18) あの少年の名前は何ですか。

(19) この鳥は何ですか。

(20) これは何の鳥ですか。

ヒント　who（フー）だれ　name（ネイム）名前
blue（ブルー）青い　bird（バ〜ドゥ）鳥
whose（フーズ）だれの，だれのもの
how old（ハウ オウオドゥ）何才　mother（マざ〜）母
father（ファーざ〜）父　what　何, 何の, どんな
river（ゥリヴァ〜）川
how long（ハウロン・）どれぐらい長い
how wide（ハウワイドゥ）どれぐらい広い
how deep（ハウディープ）どれぐらい深い
how old（ハウオウオドゥ）どれぐらい古い, 何才

〈考え方と解答〉

すべて疑問詞からはじまる文で「～は～ですか」のパターンにあてはまっているものばかりなので、単語だけわかればわりとカンタンにとけるものばかりです。

<u>～は</u> <u>～ですか</u> の公式にあてはめてときましょう。
　②　　　①

(1) Who are you?
(2) Who is he?
(3) Who is she?
(4) Who is that boy?
(5) Who am I?
(6) What is your name?
(7) What is that blue bird?
(8) Whose is this pen?
(9) Whose pen is this?
(10) How old are you?
(11) How old is your father?
(12) How old is he?
(13) What is her mother?
(14) How long is this river?
(15) How wide is this river?
(16) How deep is this river?
(17) How old is this house?
(18) What is that boy's name?

(19) **What is this bird?**

(20) **What bird is this?**

□□ここが大切□□

「疑問詞＋～はですか」の文は，<u>～は</u> <u>～ですか</u> のパターン
　　　　　　　　　　　　　　　　　②　　①

をとります。だからこの公式にあてはまる文だということがわかればあとはカンタンです。

|例| <u>あの小さい鳥は</u> <u>何ですか</u>
　　　　②　　　　　①

<u>何ですか</u> <u>あの小さい鳥は</u>

↓　　↓　　↓　　↓　　↓

What is that small bird?

のようにただたんにならべるだけでいいのです。

□□ここが大切□□

もしも日本文が「君の仕事は何ですか」となっていても「君は何ですか」を英語に直したものが答えになります。

答えは **What are you?**（あなたの仕事は何ですか）

ただしこれはあくまでも中学1年生レベルの学校で習う英語にあわせて考えた場合の答えです。本当は，

<u>あなたの仕事は</u> <u>何ですか</u>
　　②　　　　①

を英語にそのまま直した

What is your job?

でもいいですし，

What do you do?

のように言うことができます。

□□ここがとても大切□□

What are you?（君の仕事は何ですか）

Who are you?（君はだれですか）

What is your name?（あなたの名前は何ですか）

の3つの表現はあまりていねいな英語ではないので実さいに使う時は注意が必要です。

すくなくとも学校で習うイントネーションでこの3つを使うと，失礼にあたります。

|学校|　**What is your name?**　↓

|会話|　**What is your name?**　↑

学校では最後をさげて読むようにと習いますが，実さいは最後を軽くあげぎみで発音した方がしたしみをこめた話し方になります。

テストで点をとるためのポイント

疑問詞からはじまっている文のイントネーション（文の読み方）は**最後をさげて**読むようにしてください。

Is 〜?, Are 〜?, Do 〜?, Does 〜?, Can 〜? からはじまっているものは最後をあげるようにしましょう。

|例|　<u>Are</u> you a teacher?　↑

　　<u>What</u> is your name?　↓

10日目 10日間の復習をしよう！ 91

練習2 次の日本文を英語に直してください。

(1) あなたは何時に起きますか。
(2) あなたのお父さんは何時に起きますか。
(3) 彼は何時に起きますか。
(4) 彼らは何時にねますか。
(5) あなたのお兄さんは何時にねますか。
(6) あなたのお兄さんたちは何時にねますか。
(7) あなたはなぜ英語を勉強するのですか。
(8) あなたはいつ英語を勉強しますか。
(9) あなたはどこで英語を勉強しますか。
(10) あなたは何を勉強しますか。
(11) あなたは何時間勉強しますか。
(12) あなたはどういうふうに勉強しますか。

ヒント　get up（ゲタップ）起きる
go to bed（ゴウトゥベッドゥ）ねる
when（ウェン）いつ　where（ウェア～）どこで
why（ワイ）なぜ　how（ハウ）どういうふうに
how many hours（ハウメニアウァ～ズ）何時間

〈考え方と解答〉

(1)～(12)はすべて疑問詞＋疑問文（疑問詞のついた疑問文）の形になっているので<u>一番大切なところ</u>＋<u>疑問文</u>にすればいいのです。

(1) <u>What time</u>　<u>do you get up?</u>
(2) <u>What time</u>　<u>does your father get up?</u>
(3) <u>What time</u>　<u>does he get up?</u>

(4) <u>What time</u> do they go to bed?
(5) <u>What time</u> does your brother go to bed?
(6) <u>What time</u> do your brothers go to bed?

□□ここが大切□□

(5)と(6)の「your brother」ならば does,「your brothers」ならば do になるのですが理由は

your brother は1語であらわすと he（彼）だから does
your brothers は1語であらわすと they（彼ら）だから do

と考えればわかりやすいでしょう。

---

(7) <u>Why</u> do you study English?
(8) <u>When</u> do you study English?
(9) <u>Where</u> do you study English?
(10) <u>What</u> do you study?
(11) <u>How many hours</u> do you study?
(12) <u>How</u> do you study?

練習3 次の日本文を赤ちゃんの文とおとなの文やおまけ（つけくわえのかたまり）の関係を考えながら英語に直してください。

(1) 私は2さつの本をこのカバンの中にもっています。
(2) 私は君がとても好きです。
(3) 私は英語をよく知っています。
(4) 彼はじょうずに英語を話す。
(5) 私は毎日1時間英語を勉強します。

(6) 私は夜にテレビを見ます。

ヒント　well（ウェオ）よく，じょうずに
every day（エヴゥリデェイ）毎日
for an hour（フォーアナウァ～）1時間
for one hour（フォーワナウァ～）1時間
at night（アッ・ナイトゥ）夜に
watch television（ワッチテレヴィジュン）テレビを見る

〈考え方と解答〉

　文章でちょっとむずかしい文だな（おとなの文）と思ったら，赤ちゃんの文＋おまけでできていると思えばまずまちがいはありません。

(1) 私は2さつの本をこのカバンの中にもっている。

| 赤ちゃんの文 | 私は2さつの本をもっている。 I have 2 books |
| おまけ | このカバンの中に in this bag |

答え　I have 2 books in this bag.

(2) 私は君がとても好きです。

| 赤ちゃんの文 | 私は君が好きです。　I like you |
| おまけ | とても　very much |

答え　I like you very much.

(3) 私は英語をよく知っています。

| 赤ちゃんの文 | 私は英語を知っています。　I know English |

おまけ	よく well

答え <u>I know English well.</u>

(4) 彼はじょうずに英語を話す。

赤ちゃんの文	彼は英語を話す。 He speaks English
おまけ	じょうずに well

答え <u>He speaks English well.</u>

(5) 私は毎日1時間英語を勉強します。

赤ちゃんの文	私は英語を勉強します。 I study English
おまけ	1時間 for an hour または for one hour
おまけ	毎日 every day

答え <u>I study English for an hour every day.</u>

□□ここが大切□□

おまけが2つ以上ある場合は，カ・トンボ・ツバメの法則にしたがって問題をといてください。

　　　　　カ　　トンボ　　ツバメ

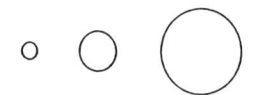

　　　　　o　　　◯　　　　◯

ちいさいものから大きい順番にならべるといいのです。<u>1時間</u>と<u>毎日</u>だと当然，<u>1時間</u>の方が<u>毎日</u>よりもちいさいということがはっきりしているので，<u>1時間</u>＋<u>毎日</u>の順番でならべると

正しい英語になるというわけです。

(6) 私は夜にテレビを見ます。

赤ちゃんの文	私はテレビを見る。　**I watch television**
おまけ	夜に　**at night**

答え　**I watch television at night.**

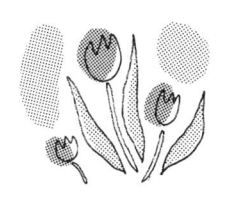

11日目
名詞と a, -s の関係

名詞の使い方をマスターしましょう。

　名詞というのはものの名前のようなものです。たとえば花があるとします。あたり前のことですが，花にもいろいろな名前の花があります。チューリップ，桜，すいせん，これらの花はすべてものの名前なので名詞です。

　本当は花というのも植物という仲間の中のひとつの名前なんです。つまり目で見えるもので，指でさして「あれは何だ」「これはダイヤだ」というような使い方ができる単語です。

　そういうような単語はあたり前のように数えることもできます。ただ，数えることができないものでも名詞と呼びます。

　数えられないとはどういうことかと言うと，ミルクや水を考えてもらえるとよくわかると思いますが，1てき，2てきのように数えたとしても意味をなしませんよね。

　やっぱりミルクや水は1ぱいのミルク，1ぱいの水のように入れ物にいれてはじめてよく意味のわかるかたまりを作るわけです。ここでは中学1年生で習うはんいの名詞の勉強をします。

11日目　名詞と a・-s の関係　97

---　□□ここが大切□□　---

① 名詞とは，**ものの名前**と考えましょう。

② 目で見えても，見えなくても OK。ただし中学校では**目で見えるものと指で数えられるもの**のことを言います。

③数えられないものでも，ものの名前なら OK。中学１年生では習いません。

④ 「富士山」のようにだれでも知っているようなもの，または**人の名前や地名**。

この名詞の使い方をマスターするためには a（ひとつの，ある）という単語の使い方と s（２つ以上あります）の使い方を理解する必要があります。

a のつけ方の勉強

この a というのは，中学１年生のほとんどの人は１つのという意味ですよと習っているのではないでしょうか。もちろんその通りなのですが，実際問題としては毎日の生活の中で１つのという言葉を使うことはめったにないのではないでしょうか。

つまり，めったに a（１つの）という言葉を使うことがないということは，いつ a をつければいいのかは私たち日本人にとってはわかりにくいということになります。ゆっくり考えて目に見えるもので，どう考えても１つしかないという時は a をつければいいということになります。

それでは a のつけ方の勉強をはじめましょう。みなさんは英語の中で１番有名な言葉を知っていますか。それは **This is a pen.**

（これはペンです）という文なんです。

いくら英語がにがてだと思っている人でも This is a pen. を知らない人はひとりもいないと思います。ところがこの文「これはペンです。」のどこにも<u>ひとつの</u>という日本語はありません。それでも英語は，This is a pen. になっています。

つまり，日本文を見ただけでは a をつけなければならないかどうかがもうひとつ私たちにはよくわからないのです。

―――― □□ここが大切□□ ――――
イギリス人やアメリカ人は，目に見えるものを見た時に，とにかく<u>1つ</u>なのか<u>2つ以上</u>なのかをはっきりさせる習慣があるので，a をつけたり s をつけるのです。

つまり私たちは，アメリカ人やイギリス人と同じような考え方を身につけていくことからはじめなければなりません。

―――― □□ここが大切□□ ――――
とにかく，目に見えるもので，指で数えられる英語の単語を使う時は，もしひとつならば a をつける。ふたつ以上なら s をつけるような練習をしなければいけません。

<u>例題1</u> 次の日本文には<u>1つの</u>とか<u>2つ以上の</u>という言葉はどこにもありませんが，あなたの考えで<u>1つのもの</u>であると思えば a，<u>2つ以上のもの</u>をあらわしていると思えば s をつけてください。そしてなぜ a または s をつけたかを教えてください。

| 例 | 私は<u>本</u>が好きです
　　　books | 理由 | 1さつの本だけ好きな人はふつういないから |

(1) これは<u>ペン</u>です。
(2) これらは<u>ペン</u>です。
(3) 私は<u>少年</u>です。
(4) 私たちは<u>少年</u>です。
(5) 彼と私は<u>少年</u>です。
(6) 私は<u>ねこ</u>がきらいです。
(7) 私は<u>本</u>をもっています。
(8) 私は<u>つま</u>がいます。
(9) 私は<u>子供</u>がいます。
(10) 私は<u>犬</u>をかっています。

ヒント　wife（ワイフ）つま
　　　　child（チァイオドゥ）子供
　　　　children（チォジュレン）子供たち

注意　sをつけるかわりに単語そのものがかわることもあります。

〈考え方と解答〉

(1) **a pen**　　理由　これ＝1本だから
(2) **pens**　　理由　これら＝2本以上だから
(3) **a boy**　　理由　私＝1人だから
(4) **boys**　　理由　私たち＝2人以上だから
(5) **boys**　　理由　彼と私＝2人だから
(6) **cats**　　理由　ねこがきらいという言葉から1ぴきだけきらいとは考えにくいから

(7) **a book**　理由　今一さつだけもっていると考えたから
　　books　理由　一さつしかもっていない人はめずらしいから
(8) **a wife**　理由　つま＝1人だから
(9) **a child**　理由　子供が1人だと考えることもできるから
　　children　理由　子供が2人以上いることも考えられるから
(10) **a dog**　理由　犬が1ぴきだと考えられるから
　　dogs　理由　犬が2ひき以上いることも考えられるから

〈問題をといてみてわかったこと〉

　問題によっては，はっきりしていない問題がでることがあります。そんな時は，もし1つだと思えば a，2つ以上だと思えば s を適当につけてください。つまり，たとえテストの中の問題であっても，英語のルールにしたがっていれば，a であろうと s であろうと，そんな大きなミスにはなりません。ただし，I like 〜（私は〜を好きです）のような場合は，1つだけ好きだということは考えられないので名詞にいつも s をつけてください。

――□□ここが知りたい□□――

| 質問 | 例題1 の練習問題の中で a child（ひとりの子供），children（子供たち）のように s をつけないで単語の形がかわっているものがありましたが，もっとほかにもすっかり形がかわってしまう単語もあるのでしょうか。

| 答え | いい質問です。少しだけあります。覚えることのできるぐらいの数なので，このさいしっかり覚えてしまってください。

☐a child（チァイオドゥ）子供
☐children（チオジュレン）子供たち
☐a wife（ワイフ）つま
☐wives（ワイヴズ）つまたち
☐a wolf（ウオフ）おおかみ
☐wolves（ウオヴズ）おおかみたち
☐a knife（ナイフ）ナイフ
☐knives（ナイヴズ）2本以上のナイフ

―――――― ☐☐ここが大切☐☐ ――――――

　ふつうは名詞のうしろに s をつけて 2 つ以上あるということをあらわすのですが，そのほかにも s だけをつけるのではなくて es をつけるものがあります。これも，数がかぎられているのでしっかり覚えましょう。

☐dish（ディッシ）おさら
☐dishes（ディッシィズ）2枚以上のおさら
☐watch（ワッチ）うで時計
☐watches（ワッチィズ）2個以上のうで時計
☐box（バックス）はこ
☐boxes（バックスィズ）2つ以上のはこ
☐bus（バス）バス
☐buses（バッスィズ）2台以上のバス
☐peach（ピーチ）もも
☐peaches（ピーチィズ）2個以上のもも

〈ここをまちがえる〉

☐a house（ハウス）家　☐2 houses（ハウズィズ）2けんの家
まったくちがう読み方になっているので注意してください。

〈ここをまちがえる〉

☐a Japanese　日本人　　☐a Chinese　中国人
☐2 Japanese　2人の日本人　☐2 Chinese　2人の中国人のように同じ形を使います。

□□ここが知りたい□□

質問　なぜ名詞にsをつけるものとesをつけるものがあるのですか。

答え　日本語も英語も同じようなことが言えるのです。たとえばえんぴつを数えるとき<u>1本，2本，3本</u>と漢字では書くのに，読む時は<u>いっぽん，にほん，さんぽん</u>のように読むのと同じです。すべては話をする時に言葉として使いやすいか，つまり，**発音しやすいかどうかで**，sになるかesになるかがきまるのです。

□□ここが知りたい□□

質問　books（ブックス），dogs（ドッグズ）のように同じようにsがついていても読み方がちがう場合がありますが，どうすれば ス と読むか， ズ と読むかわかるのですか。

11日目　名詞とa・-sの関係　103

答え　ずばり言って，音と音との関係によるものです。たとえば，ブックの ク は ス ，ドッグの グ は ズ となっているのはいいやすいかどうかによって ス になったり ズ になったりするのです。ただ，この2つの例をよく見ると何か気がつくことはないでしょうか。 ク となっているのは ス ，つまり ク と短く発音してみるとわかるのですが， ク も ス も**いき**だけで発音しているのです。それとくらべて グ と ズ は**声**がでていることに気がつくのではないでしょうか。つまり，**いきで発音する時は** ス ，**声で発音する時は** ズ と読めばいいのです。

―□□ここが知りたい□□―

質問　学校で tomato（トマト）の複数形は tomatoes と習ったのですが o でおわっているものにはいつも es をつけるのですか。

答え　いい質問です。英語も日本語も同じことだと思いますが，ルールにあてはまらないものもあります。

―トマトタイプ―

a tomato（トメイトウ）　2 tomato<u>es</u>（トメイトウズ）

a potato（ポテイトウ）

2 potato<u>es</u>（ポテイトウズ）

―ピアノタイプ―

a piano（ピエァノウ）　2 piano<u>s</u>（ピエァノウズ）

a radio（レイディオウ）　2 radios（レイディオウズ）

―――― □□ここが知りたい□□ ――――

質問　なぜ piano の場合は es ではなく s がついているのですか。

答え　たとえば tomato と piano をくらべてみたいと思います。tomato は es をつけます。piano は s だけです。もし音だけできめてあるのならどちらも es だけとか s だけとかになっているはずです。それではなぜ es をつける場合と s をつける場合があるのでしょうか。トマトとピアノをくらべてみてもわかりませんが、トマトとピアノという単語のでき方がちがっているのです。トマトははじめからトマトなのです。しかし一方のピアノは、本当の名前はピアノフォルテという名前なのです。音楽で習う p（ピアノ）弱い、f（フォルテ）強いと深い関係があるのです。つまりピアノとは弱くも強くもひける楽器という意味の前の部分のピアノだけを使っているだけなのです。つまり、ピアノフォルテを短くしてピアノと言っているのです。こういうふうに長い単語の一部分をとって短い呼び方をしているものは s をつけるのです。

名詞 のなかには 代名詞 と呼ばれるものもあります。代名詞 の 代 という字は 代わり という意味なので 名詞 の 代わ

り に使うことができるということです。私たちのふだんの会話を考えてみるとよくわかりますが，同じ名詞を何回もくり返して使うということはほとんどありません。もし何回もくり返して使うことがあるとすれば，とてもその単語（名詞）を強調したいと思っている時だけです。それでは次の会話を例に考えていきましょう。

〈本屋さんでの会話〉

A君　この本すごくおもしろいから買うよ。

B君　ぼくにもあとでそれを見せてよな。

解説　この本の意味をそれであらわしている。つまりこの本という名詞の代わりにそれを使っているので，それを代名詞と呼びます。

□□ここが知りたい□□

質問　代名詞でよく使うものを教えてください。

答え　わかりました。

☑あの少年―彼（he ヒー）

☑あの少女―彼女（she シー）

☑少年たち―かれら（they ゼイ）

☑この本―それ（it イットゥ）

☑これらの本―それら（they ゼイ）

☑彼と私―わたしたち（we ウィ）

のようなものがあります。

12日目 代名詞の練習

代名詞の練習をしましょう。

練習1 次の下線をひいたところの名詞をまず日本語で考えてから，適当な代名詞にかえてください。

(1) <u>このペン</u>は小さいです。
(2) <u>これらのペン</u>は古いです。
(3) <u>あの鳥</u>は白いです。
(4) <u>あれらの鳥</u>は白いです。
(5) <u>あの少年</u>はせがたかいです。
(6) <u>あの少女</u>はせがたかいです。
(7) <u>あなたのお父さん</u>は先生です。
(8) <u>私の母</u>は先生です。
(9) <u>きみのお姉さんたち</u>は先生です。
(10) <u>きみのお兄さんたち</u>は先生です。
(11) <u>彼の妹</u>は学生です。
(12) <u>彼女の弟</u>は学生です。
(13) <u>彼と私</u>は友だちです。
(14) 私は<u>あの少年</u>を知っています。
(15) 私は<u>あの少女</u>を知っています。

(16) 私はこれらの本がほしい。
(17) 私はきみのお父さんを知っています。
(18) 私はきみのお母さんを知っています。

〈考え方と解答〉

(1) このペン＝**それ**
(2) これらのペン＝**それら**
(3) あの鳥＝**それ**
(4) あれらの鳥＝**それら**
(5) あの少年＝**彼**
(6) あの少女＝**彼女**
(7) あなたのお父さん＝**彼**
(8) 私の母＝**彼女**
(9) きみのお姉さんたち＝**彼女たち**
(10) きみのお兄さんたち＝**彼ら**
(11) 彼の妹＝**彼女**
(12) 彼女の弟＝**彼**
(13) 彼と私＝**私たち**
(14) あの少年＝**彼**
(15) あの少女＝**彼女**
(16) これらの本＝**それら**
(17) きみのお父さん＝**彼**
(18) きみのお母さん＝**彼女**

□□ここが大切 □□

日本語では,彼ら,彼女たち,それらというのはまったく別の単語ですが英語ではすべて **they** ゼイ(彼ら,彼女たち,それら)となり1つの単語で3つのちがう意味をあらわします。

〈この表は必ず覚えましょう〉

	～は,～が	～の	～を,に	～のもの
私	I(アイ)	my(マイ)	me(ミー)	mine(マイン)
あなた	you(ユー)	your(ヨー)	you(ユー)	yours(ヨーズ)
彼女	she(シー)	her(ハ～)	her(ハ～)	hers(ハ～ズ)
彼	he(ヒー)	his(ヒズ)	him(ヒム)	his(ヒズ)
彼ら 彼女たち それら	they(ゼイ)	their(ゼア～)	them(ゼム)	theirs(ゼア～ズ)
私たち	we(ウィ)	our(アウァ～)	us(アス)	ours(アウァ～ズ)
それ	it(イットゥ)	its(イッツ)	it(イットゥ)	

〈この表の使い方〉

例題1 上の表を使って英語に直してみましょう。

私はあなたを知っている。　I know you.

これは私の本です。　This is my book.

あなたは私を知っている。　You know me.

この本は私のものです。　This book is mine.

―――― □□ここが大切□□ ――――

日本語では彼という単語は文の中でどんな位置にあっても彼ですが，英語では彼は，彼がはhe，彼を，彼にはhimというように変化をします。

―――― □□ここが大切〈テストによくでる！〉□□ ――――

= $\begin{cases} \text{This book is mine.}（この本は私のものです） \\ \text{This book is my book.} \quad \text{mine}（私のもの）= \text{my book}（私の本） \end{cases}$

練習2 次の日本文の下線をひいてあるところを日本語の代名詞にかえてから英語に直してください。

| 例 | このペンは小さいです。
| | 答え それは小さいです。 It is small.

(1) あの鳥は白いです。
(2) あれらの鳥は白いです。
(3) あの少年はせがたかいです。
(4) あの少女はせがたかいです。
(5) あなたのお父さんは先生です。
(6) 私の母は先生です。
(7) きみのお姉さんたちは先生です。
(8) きみのお兄さんたちは先生です。
(9) 彼の妹は学生です。

(10) <u>彼女の弟</u>は学生です。

(11) <u>彼と私</u>は友だちです。

(12) 私は<u>あの少年</u>を知っています。

(13) 私は<u>あの少女</u>を知っています。

(14) 私は<u>これらの本</u>がほしい。

(15) 私は<u>きみのお父さん</u>を知っている。

(16) 私は<u>きみのお母さん</u>を知っている。

ヒント　bird（バ〜ドゥ）鳥　white（ワイトゥ）白い
those（ぞウズ）あれらの　tall（トーオ）せがたかい
teacher（ティーチャ〜）先生
sister（スィスタ〜）お姉さん, 妹
brother（ブゥラざ〜）お兄さん, 弟
and（アン・）〜と　know（ノウ）〜を知っている
these（ずィーズ）これらの　want（ワントゥ）〜がほしい
father（ファーざ〜）父　mother（マざ〜）母
friend（フゥレンドゥ）友だち

〈考え方と解答〉

(1) <u>あの鳥</u>は白いです。

　　<u>それ</u>は白いです。　**It** is white.

(2) <u>あれらの鳥</u>は白いです。

　　<u>それら</u>は白いです。　**They are** white.

(3) <u>あの少年</u>はせがたかいです。

　　<u>彼</u>はせがたかいです。　**He** is tall.

(4) <u>あの少女</u>はせがたかいです。

　　<u>彼女</u>はせがたかいです。　**She** is tall.

(5) あなたのお父さんは先生です。

　　彼は先生です。　**He** is a teacher.

(6) 私の母は先生です。

　　彼女は先生です。　**She** is a teacher.

(7) きみのお姉さんたちは先生です。

　　彼女たちは先生です。　**They** are teachers.

(8) きみのお兄さんたちは先生です。

　　彼らは先生です。　**They** are teachers.

(9) 彼の妹は学生です。

　　彼女は学生です。　**She** is a student.

(10) 彼女の弟は学生です。

　　彼は学生です。　**He** is a student.

(11) 彼と私は友だちです。

　　私たちは友だちです。　**We** are friends.

(12) 私はあの少年を知っています。

　　私は彼を知っています。　I know **him**.

(13) 私はあの少女を知っています。

　　私は彼女を知っています。　I know **her**.

(14) 私はこれらの本がほしい。

　　私はそれらがほしい。　I want **them**.

(15) 私はきみのお父さんを知っている。

　　私は彼を知っている。　I know **him**.

(16) 私はきみのお母さんを知っている。

　　私は彼女を知っている。　I know **her**.

〈ここをまちがえる〉

日本語で~は、~がだと I、~を、~にだと me というように覚えているとまちがえることがあります。たとえば次のような時もあるので注意が必要です。

「私は彼が好きです。」

he（彼は、彼が）、his（彼の）、him（彼を、彼に）、his（彼のもの）というように表ではなっています。ここで注意しなければならないのは、「私は彼が好きです。」の私はと彼がというものがどんな関係になっているかということです。

「私は彼が好きです。」は「私は彼を好きです。」とおなじ意味をあらわしているので he ではなくて him にしなければなりません。答えは I like him.
ということで「~が」になっている時でも「~を」とおなじ意味ではないかどうかを確かめてから正しい英語を書きましょう。

練習3 次の単語を複数形（2つ以上あるという意味の s、es）にしてください。そして読み方もカタカナで書いてください。

(1) watch（ワッチ）うで時計
(2) book（ブック）本
(3) box（バックス）はこ
(4) tomato（トメイトウ）トマト
(5) house（ハウス）家
(6) piano（ピエァノウ）ピアノ
(7) radio（ゥレイディオウ）ラジオ

(8) dog（ドッグ）犬
(9) apple（エァポー）リンゴ
(10) orange（オゥリンヂ）オレンジ

〈考え方と解答〉

(1) watches　ワッチィズ
(2) books　ブックス
(3) boxes　バックスィズ
(4) tomatoes　トメイトウズ
(5) houses　ハウズィズ
(6) pianos　ピエァノゥズ
(7) radios　ウレィディオウズ
(8) dogs　ドッグズ
(9) apples　エァポーズ
(10) oranges　オーゥレンヂィズ

〈問題をといてわかったこと〉

① ほとんどはいいやすいかどうかできまっている。 イズ といいやすいものは es をつける。単語の最後に e がある場合は s だけをつけて イズ と読む。

② もとの単語が声でだす音は声でだす ズ と読む。いきで音をだす音は ス と読む。

③ house（ハウス）だけはすべてのルールにあてはまっていない。houses（ハウズィズ）と読むので注意しましょう。

13日目 動詞と前置詞の関係

動詞の使い方をマスターしよう

動詞の使い方をマスターすることは英語をマスターするための1番の近道です。ですから動詞の使い方を正しく覚えることが何よりも大切です。

できるだけカンタンに説明をしていきますから、よく理解しながらついてきてください。

ふつう動詞には2つのパターンがあります。

パターン1	「～を」「～に」「～と」をとる動詞
パターン2	「～を」「～に」「～と」をとらない動詞

パターン1にあてはまる動詞の例を考えてみましょう。

(1) know (ノウ) ～を知っている
(2) give (ギブ) ～をあたえる、～にあたえる
(3) marry (メァリィ) ～と結こんする

例1　I know (私は知っている) <u>だれを</u>(または)<u>何を</u>
　　　　I know+him (彼を)
　　　　I know+that dog (あの犬を)

例2　I give (私はあたえる) <u>だれに</u>(または)<u>何を</u>

I give＋you（きみに）＋this book（この本を）

例3　I marry（私は結こんする）　だれと

I marry＋Erika（エリカと）

　　　　　　　　　　□□ここが大切□□

動詞には

> 〜を知っている（know）
> 〜に与える，〜を与える（give）
> 〜と結こんする（marry）

のように「〜を」「〜に」「〜と」などの意味をもうすでに動詞の中にもっているものがあります。

パターン2にあてはまる動詞の例を考えてみましょう。

(1) run（ラン）走る
(2) go（ゴウ）行く

例1　runの場合

I run（私は走る）。この文は2つの単語だけで意味がわかるので，これ以上何も置く必要がないのです。もしも，もっとくわしく説明したいと思えば次のようになります。

I run（私は走る）どこ で in その公園　the park

まとめると，I run in the park.　私は公園 で 走る。

例2　goの場合

I go（私は行く，でかける）。この文も2つの単語だけで意味がわかるのでこれだけでもいいのですが，もっとくわしく

説明したい時は次のように言うことができます。

I go（私は行く）どこ へ to 東京 Tokyo

I go to Tokyo.（私は東京 へ 行く）

のような使い方になります。

□□ここが大切□□

つまりパターン2にあてはまる動詞は「〜へ」「〜に」「〜で」の意味をあらわしたい時は「〜へ to」「〜に to」「〜で in（イン）または at（アット）」を使わなければなりません。

□□ここが知りたい□□

質問　前置詞というのはどういう意味なのですか。また、どんな単語が前置詞と呼ばれているのですか。

答え　これは説明しにくいものだと思います。なぜならば日本語には前置詞というものがないのです。ただし前置詞のはたらきが日本語の何にあたるかを説明することはできます。日本語で 助詞 と呼ばれているものです。単語と単語をつないでいくはたらきをするものです。"だんだんわからなくなってきたよ"とさけんでいる人の声が聞こえてくるようです。それでは長沢流前置詞とは何かの解説とまいりましょう。

次の日本語と英語の比較表をみてください。

東京 に	in Tokyo
東京 へ	to Tokyo

名詞 の 後 に に や へ がある	名詞 の 前 に in や to がある
助詞	前置詞

解説

もしも英語のように に や へ に名前をつけるとすると 後置詞 となってしまうでしょう。

ここにあげてあるものは中学1年生で覚えておくべきものです。

☐ at（アットゥ）〜に　☐ in（イン）〜の中に(または)〜に，〜で
☐ on（オン）〜の上に　☐ of（オヴ）〜の
☐ with（ウィず）〜といっしょに
☐ before（ビフォー）〜の前に
☐ after（エァフタ〜）〜の後で　☐ near（ニア〜）〜の近くに
☐ by（バイ）〜の近くに　☐ about（アバウトゥ）〜について

前置詞についての使い方を考えていきましょう。

とにかく日本語と英語は言葉のならべ方が反対になっていると考えた方がいいでしょう。前置詞の使い方をお話しする前に日本語と英語の大きなちがいについて考えてみましょう。

日本語の場合	英語の場合
私は本をもっています。	I have a book. I have books.

本が何さつあるのかこの文でははっきりしない。	英語では<u>1さつの本</u>または<u>2さつ以上の本</u>とはっきり言わなければならない。
日本語では最後まで<u>聞かない</u>と本をもっているのか本をもっていないのか本を<u>買った</u>のかわからない。	私がどうするということをはっきりさせるので、すぐに私はもっているということがわかる。そして何をという疑問が生まれ、それに答えて<u>1さつの本</u>（または）<u>2さつ以上の本</u>だということを言う。

日本語の場合	英語の場合
東京 に	in Tokyo
に という 助詞 を使って 東京 という 名詞 とをひっつけている。英語の考え方で言うと<u>後置詞</u>になっている。つまり に が 名詞 の 後 にきているということ。	in という 前置詞 を使っている。東京 という 名詞 の 前 に置くので in は前置詞と呼ばれている。
日本語では疑問に対して言葉を置くということはありません。	どこにという疑問に対して in（中に）何のという疑問に対して Tokyo（東京）となっている。

13日目 動詞と前置詞の関係　119

時間をあらわす at と in と on の使い方をマスターしましょう。

ここだけは覚えましょう

☑ **at** はアッという間にすぎるような短い時間，しゅんかん，ひとつのことしかできないぐらいの時間

☑ **in** は時間的に長いいろいろなことをすることができるような時間

☑ **on** はっきりこんな日というようにきまってしまっている日

〈考え方〉

☑ **at** アッという間にすぎる短い時間
☑ **in** 時間的に長いんだ
☑ **on** おきまりの日

テストにでるきまり文句

☑ 午前中に　in the morning（インざモーニン・）
☑ 昼から　in the afternoon（インずィエアフタヌーン）
☑ 夕方に　in the evening（インずィイヴニン・）
☑ 夜に　at night（アッ・ナイトゥ）
☑ 正午に（お昼の12時に）　at noon（アッ・ヌーン）
☑ 朝早く　early in the morning（ア〜リインざモーニン）
☑ 夜おそくに　late at night（レイタッ・ナイトゥ）

☐春に in (the) spring (インざスプゥリン・)
☐日曜日に on Sunday (オンサンデイ)
☐5月1日に on May the first (オンメイざファ〜ストゥ)
☐あるはれた日に on a nice day (オナナイスデイ)

練習1 次の前置詞を正しく使って正しい英語にしてください。まず前置詞がはいったかたまりに線を引きましょう。

ヒント　at 〜に　in 〜の中に, 〜に　on 〜の上に, 〜に　of 〜の
with 〜といっしょに　after 〜の後に

(1) 私は東京へ行く。
(2) 私は東京に住んでいる。
(3) 私は6時に起きる。
(4) 私はあの犬の絵がほしい。
(5) 私は彼といっしょに遊ぶ。
(6) 私は月曜日に走る。
(7) 私は夏に泳ぐ。
(8) 私は朝に勉強する。
(9) 私は夕方にテレビをみる。
(10) 私は夕食の前にテレビをみる。
(11) 私は夕食の後にテレビをみる。

ヒント　get up (ゲタップ) 起きる
picture (ピクチャ〜) 絵
Monday (マンデイ) 月曜日
swim (スウィム) 泳ぐ
before (ビフォー) 〜の前に
watch television (ワッチテレヴィジョン) テレビを見る

〈考え方と解答〉

後置詞(名詞の後に置くことば)	前置詞(名詞の前に置くことば)
(1) 私は東京 へ 行く。	to Tokyo
(2) 私は東京 に 住んでいる。	in Tokyo
(3) 私は6時 に 起きる。	at six
(4) 私はあの犬 の 絵がほしい。	of that dog
(5) 私は彼 と 遊ぶ。	with him
(6) 私は月曜日 に 走る。	on Monday
(7) 私は夏 に 泳ぐ。	in summer
(8) 私は朝 に 勉強する。	in the morning
(9) 私は夕方 に テレビを見る。	in the evening
(10) 私は夕食 の前に テレビを見る。	before dinner
(11) 私は夕食 の後に テレビを見る。	after dinner

注意 後置詞という言葉は実際にはありません。正しくは助詞といいます。

(1) 私は行く。　I go + to Tokyo
(2) 私は住んでいる。　I live + in Tokyo
(3) 私は起きる。　I get up + at six
(4) 私はその絵がほしい。　I want the picture + of that dog
(5) 私は遊ぶ。　I play + with him
(6) 私は走る。　I run + on Monday

(7) 私は泳ぐ。　I swim＋in summer
(8) 私は勉強する。　I study＋in the morning
(9) 私はテレビをみる。　I watch television＋in the evening
(10) 私はテレビをみる。　I watch television＋before dinner
(11) 私はテレビをみる。　I watch television＋after dinner

〈ここをまちがえる〉

練習2　次の日本文を英語に直してください。

(1) 私は彼女と遊ぶ。
(2) 彼女と私はいっしょに遊ぶ。
(3) 私は彼女と結婚する。

〈考え方と解答〉

(1) 私は遊ぶ＋彼女といっしょに
　　I play＋with her
(2) 彼女と私は遊ぶ＋いっしょに
　　She and I play＋together
(3) 私は〜と結婚する＋彼女
　　I marry＋her

□□ここが大切□□

　〜といっしょには2つの単語であらわすことができます。1つはwith（ウィず），もう1つはtogether（トゥゲざ〜）です。withは前置詞なのでwith him（彼といっしょに）のような使い方ですが，togetherはつけくわえとして英文の最後に

使います。この<u>つけくわえ</u>を私は<u>おまけ</u>と呼んでいます。学校ではこれを<u>副詞</u>と習います。

──── □□ここが大切□□ ────

　動詞の中には marry（～と結婚する）のように「～と」の意味をふくんでいるものがあります。こういう時は <u>with</u>「～と」を使うことはできません。

　この marry と同じような単語をもう1つしょうかいしておきましょう。

　<u>enter（エンタ～）</u>～に入るという単語です。「～に」をふくんでいるので「～に，to」を使う必要はありません。

　私はその部屋に毎日入る。

　　┌I enter <u>the room</u> every day.

比　　私はその部屋に毎日入る。

較　　I go <u>into</u> the room every day.

　　└into（イントゥ）～の中に

　I enter は「私は～に入る」＋the room（その部屋）

　I go は「私は行く」＋ into ｜ the room（その部屋の<u>中に</u>）

　｜ enter＝go into　～に入る ｜

と覚えましょう。

14日目
前置詞の使いわけ

in, on, at の使い方

in，on，at の使いわけの練習をしましょう。

練習1 次の日本文を使ってあらわすとしたら，何を使えばいいでしょうか。in，on，at の3つのなかから選んでください。

(1) あるはれた日に
(2) 夕方に
(3) 昼から
(4) 夜に
(5) 1999年に
(6) 7月17日に
(7) 月曜日に
(8) 午前中に
(9) 7時に
(10) 8月に
(11) 春に
(12) 正午に（お昼の12時に）
(13) ある雨の日に
(14) 夏に
(15) 夕食の時に
(16) 夜明けに
(17) 冬に

〈考え方と解答〉

(1) あるはれた日に，おきまりの日だから **on**
(2) 夕方に，夕方はかなり長いので **in**

(3) 昼から，昼からはかなり長いので **in**

(4) 夜に，あっという間にすぎるので **at**

(5) 1999年に，1年間もある長い期間なので **in**

(6) 7月17日に，おきまりの日なので **on**

(7) 月曜日に，おきまりの日なので **on**

(8) 午前中に，午前中とはかなり長いので **in**

(9) 7時に，7時というのはあっという間にすぎるので **at**

(10) 8月に，8月は1ヶ月もある長い期間なので **in**

(11) 春に，春はとても長い期間なので **in**

(12) 正午に，12時というのはあっという間にすぎるので **at**

(13) ある雨の日に，おきまりの日なので **on**

(14) 夏に，夏といってもかなり長いので **in**

(15) 夕食の時に，食べるだけの短い時間なので **at**

(16) 夜明けに，夜明けというのもほんの短い時間なので **at**

(17) 冬に，冬といってもかなり長いので **in**

□□ここが大切□□

☑ **at** と **in** は時間だけではなく場所にも使うことができる。

☑ **at**—時間的に短い，場所的にせまい

☑ **in**—時間的に長い，場所的に広い

ただし **at** と **in** はその人がどう感じるかによって **in** と **at** を使いわけることができるのです。

ちょっとふくざつですが，よく覚えておいてください。

ここだけは覚えましょう

arrive | at | the airport | in | Tokyo.

東京 | の | その空港 | に | 到着する。

ヒント　arrive at（アゥライヴァットゥ）～に到着する
　　　　arrive in（アゥライヴィン）～に到着する

場所がふたつある場合はせまい方に **at**，広い方に **in** を使って使いわけをします。

練習2　次の日本語を前置詞に注意して英語にしてください。まず前置詞がでてくるところに――を引いてから考えましょう。

(1) 私は毎日，東京へ行く。

(2) 私は夕方に走る。

(3) 私は午前中に勉強する。

(4) 私は昼から遊ぶ。

(5) 私は朝早く起きる。

(6) 私は夜おそくねる。

(7) 私は11時にねる。

(8) 私は6時に起きる。

(9) 私は6時前に夕食をとる。

(10) 私は朝食の後に顔を洗う。

(11) 私はそのつくえの上のあのネコが好きです。

(12) 私はあのつくえの中のあなたの写真がほしい。

(13) 私はあの木の下に立っているその少年を知っています。

ヒント　wash my face（ワッシマイフェイス）私の顔を洗う
　　　　picture（ピクチャ～）写真

tree（チュリー）木
standing（ステァンディン・）立っている
dinner（ディナ〜）夕食

〈考え方と解答〉

(1) 私は毎日東京へ行く。

私は行く＋東京へ＋毎日

I go＋to Tokyo＋every day

必ず英語では疑問に対してその答えを置いていくので

私は行く―どこ ヘ ―東京となり，いつ―毎日という順番になる。

答え **I go to Tokyo every day.**

(2) 私は夕方に走る。

I run＋in the evening

答え **I run in the evening.**

(3) 私は午前中に勉強する。

I study＋in the morning

答え **I study in the morning.**

(4) 私は昼から遊ぶ。

I play＋in the afternoon

答え **I play in the afternoon.**

(5) 私は朝早く起きる。

I get up＋early in the morning

答え **I get up early in the morning.**

(6) 私は夜おそくねる。

I go to bed+late at night

答え I go to bed late at night.

(7) 私は11時にねる。

I go to bed+at eleven

答え I go to bed at eleven.

(8) 私は6時に起きる。

I get up+at six

答え I get up at six.

(9) 私は6時前に夕食をとる。

I eat dinner+before six

答え I eat dinner before six.

(10) 私は朝食の後に顔を洗う。

I wash my face+after breakfast

答え I wash my face after breakfast.

(11) 私はそのつくえの上のあのネコが好きです。

I like that cat+on the desk

答え I like that cat on the desk.

(12) 私はあのつくえの中のきみの写真がほしい。

I want your picture+in that desk

答え I want your picture in that desk.

(13) 私はあの木の下に立っているその少年を知っています。

私は知っている+だれを―その少年を+どんな―立っている+どこに―下に+何の―あの木

I know+the boy+standing+under+that tree.

答え I know the boy standing under that tree.

14日目　前置詞の使いわけ　129

練習3　次の日本文を前置詞と名詞の部分に線を引いてから英文にしてみてください。おまけには（　）をつけてみてください。

(1) 私は彼の家の近くに住んでいます。
(2) 私は彼女について知っている。
(3) 私は彼女を知っている。
(4) 私は英語を話す。
(5) 私は英語で話す。
(6) 私は家へ帰る。
(7) 私はそこへ行く。
(8) 私は毎日ここへ来る。
(9) 私は今日東京に着く。
(10) 私は今日彼女の家に着く。
(11) 彼女は今日ここに着く。
(12) 彼女は今日そこに着く。

ヒント　near（ニア〜）〜の近くに　by（バイ）〜の近くに
about（アバウトゥ）〜について　in（イン）〜で
home（ホウム）家へ　here（ヒア〜）ここへ
there（ゼア〜）そこへ　today（トゥデイ）きょう
speak（スピーク）（〜を）話す
every day（エヴゥリィデイ）毎日
live（リヴ）住んでいる　house（ハウス）家

これだけは覚えましょう

- arrive at (アゥライヴァットゥ) せまい (と思う) 場所に着く
- arrive in (アゥライヴィン) 広い (と思う) 場所に着く
- get to (ゲッ・トゥ) ～に着く
- reach (ゥリーチ) ～に着く

〈ここをまちがえる〉

go と come	go home (家に帰る) 話し相手から遠ざかる come home (家に帰る) 話し相手に近づく
例文	I'm going. (アイムゴウイン・) 出かけます I'm coming. (アイムカミン・) 行きます
going と coming の話	たとえばあなたは2階の部屋にいるとします。あなたのお母さんが「ごはんよ」と言ったとします。あなたならどう答えますか。I'm going. ですか，I'm coming. ですか。きらいなごはんのようだったら I'm going. きみの好きな食事のようであれば I'm coming. と言えばいいのです。

これだけは覚えましょう

home（ホウム）には 家庭 または 家 という意味と 家へ（に） という意味があるということをしっかり覚えておかなければなりません。go home の場合は go（帰る）＋ home（家へ（に））という意味なので to（〜へ，〜に）は使う必要がありません。

〈ここをまちがえる〉

☑come here（ここへ来る） ☑go there（そこへ行く） ☑get there（そこに着く） ☑get here（ここに着く）	☑come to Tokyo（東京 へ 来る） ☑go to Tokyo（東京 へ 行く） ☑get to Tokyo（東京 に 着く） ☑get to Osaka（大阪 に 着く）
here（ここへ（に）），there（そこへ（に））という意味なので（〜へ，〜に）の意味がもうすでに here と there にはいっているので to が必要ないのです。	Tokyo には へ の意味がはいっていないので to が必要です。

〈考え方と解答〉

(1) 私は<u>彼の家の近くに</u>住んでいます。

I live + near his house, by his house でもよい。

答え ① I live near his house.
② I live by his house.

(2) 私は<u>彼女について</u>知っている。

I know + about her

答え I know about her.

(3) 私は彼女を知っている。

——を引くところがない。

私は知っている ―〈だれを〉―〈彼女を〉

I know + her

答え I know her.

(4) 私は英語を話す。

——を引くところがない。

私は話す ―〈何を〉―〈英語を〉

I speak + English

答え I speak English.

(5) 私は<u>英語で</u>話す。

I speak + in English

答え I speak in English.

(6) 私は<u>家へ</u>帰る。

home（家へ）という単語を使う。

I go + home home に to の意味がはいっているので

14日目　前置詞の使いわけ　133

　　　I come＋home　to を入れる必要はありません。

> **答え**　①　I go home.　②　I come home.

(7)　私はそこへ行く。

　　there（そこへ）という単語を使う。

　　　I go＋there　（to ～へ）の意味が there にはいっているので
　　　　　　　　　　to はいらない。

> **答え**　I go there.

(8)　私は（毎日）ここへくる。

　　here（ここへ）を使う。to はいらない。

　　　私はくる＋（どこへ）ここへ＋（いつ）毎日

　　　I come＋here＋(every day)

> **答え**　I come here every day.

(9)　私は（きょう）東京に着く。

　　私は着く＋（どこに）東京＋（いつ）きょう

　　　I arrive＋in Tokyo＋(today)

> **答え**　①　I arrive in Tokyo today.
> 　　②　I get to Tokyo today.
> 　　③　I reach Tokyo today.

テストによくでるポイント

☑arrive in で~に着く　☑get to で~に着く
☑reach で~に着く

(10)　私は（今日）彼女の家に着く。

　　　I arrive＋ at her house＋(today)

| 答え | ① I arrive at her house today.
| | ② I get to her house today.
| | ③ I reach her house today.

テストによくでるポイント

arrive のうしろの in は広いと自分が思えば in, せまいと思えば at を使う。

---

(11) 彼女は (今日) ここに着く。

here (ここに) を使う。

She arrives+here+(today)

| 答え | ① She arrives here today.
| | ② She gets here today.
| | ③ She reaches here today.

(12) 彼女は (今日) そこに着く。

there (そこに) を使う。

She arrives+there+(today)

| 答え | ① She arrives there today.
| | ② She gets there today.
| | ③ She reaches there today.

テストにでるポイント

here (ここに (へ)), there (そこに (へ)) は to の意味がふくまれているので to を使う必要はありません。

―――― □□ここが知りたい□□ ――――

|質問| by と near（〜の近くに）はどちらも同じ意味をあらわしているようですが，どちらを使ってもまったく同じなのでしょうか。

|答え| まったく同じだと考えてください。はっきりとした区別はありません。少なくともテストにおいては，まったく同じと考えてください。

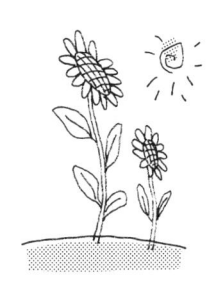

15日目
現在進行形のつくり方

現在進行形ってなんだろう？

今日は現在進行形について考えていきたいと思います。ずばり，現在というのは今のことを意味しています。そして進行形とは進んで行くということです。そして，現在＋進行をひっかけて現在進行形という呼び方の文法（英語をならべるためのルール）用語（言葉）として使われています。カンタンに言えば今何かをしているところという意味なんですよ。

そして形としては動詞のうしろに ing をつけて「〜しているところ」という意味をあらわします。あなたは青春 ing（アイエヌジー）していますか。つまりもしも青春するという動詞があれば青春する ing で青春しているところという意味になるわけです。

それでは現在進行形の勉強をはじめていきましょう。

学校では次のような公式を習います。

現在進行形とは be ＋動詞の ing のパターン。
　意味は「〜しているところです。」

ではなぜ be＋〜ing になるのかを理解しておかなければなりま

15日目 現在進行形のつくり方 137

せん。

―――□□ここが知りたい□□―――

質問 学校で現在進行形という文の型は，be＋動詞 ing が現在進行形の公式だと習いました。私はこの be という意味がわかりません。どういう意味なのですか。

答え この be というのは is，am，are のことです。意味は「～です」になります。

「私は～しています」であれば I am ～ing になり，「あなたは～しています」であれば You are ～ing で，「彼は～しています」の時は He is ～ing のように be のところが変化します。

―――□□ここが知りたい□□―――

質問 英語の授業で現在進行形を習っているのですが，動詞に ing をつける時にどんな点に注意をすればいいのですか。とくに run（ゥラン）に ing をつけると running になったり make（メイク）に ing をつけると making になるのはなぜですか。教えてください。

答え それでは動詞に ing をつける方法をお話しします。まず，run について考えてみましょう。run（ゥラン）という単語をローマ字であらわしてみます。すると ran となります。この時に1番最後の音の前に㋐㋑㋒㋓㋔が1つだけある場合で，アクセント（単語を読む時に強く発音するところ）がある場合は必ず最後の音，n を

重ねて ing をつけるのです。だから run に ing をつけると running（ウラニン・）となります。それから make の場合はさっきと同じようにローマ字であらわすと meik となり，e は発音していないことに気がつくと思います。だから make の e を消して ing をつけ，making（メイキン・）となります。

□□ここが知りたい□□

質問 run（ウラン）に ing をつけると running（ウラニン・）と発音しますが，ランニングとは読めないのですか。

答え これはいい質問です。音のことでなやむような時はいつもその単語の読み方をローマ字であらわしてみると正しい読み方がわかります。

たとえば run の場合はローマ字であらわすと ran になります。それに ing（イン・）をつけると raning となります。これを 1 つ 1 つ読んでいきます。ra（ウラ）ni（ニ）n（ン）g（・）となります。つまりどうがんばっても running はランニングとは読めないことになります。ただし英語とローマ字の考え方をごちゃまぜにしてはいけません。run（ラン）ni（ニ）n（ン）g（グ）のように考えてはいけません。あくまでも単語全体をローマ字のように書いてからそれに ing をつけて単語を読むようにしましょう。

15日目　現在進行形のつくり方　139

練習1　動詞に ing をつける練習をしてみましょう。㋐㋑㋒㋓㋔のでてくるところをローマ字にして考えるとわかりやすいですよ。

(1)　read（ウリードゥ）　(2)　run（ウラン）
(3)　write（ウライトゥ）　(4)　make（メイク）
(5)　swim（スウィム）　(6)　rain（ウレイン）

〈考え方と解答〉

(1)　read を㋐㋑㋒㋓㋔がでてくるところだけをローマ字的に考えてみます。riid ㋑㋑ときているので ing をつけるだけ。
答え　reading

(2)　run をローマ字的に考えると ran ㋐が1つでアクセントが㋐の上にあるので
答え　running

(3)　write をローマ字的に考えると rait ㋐㋑ときているので t を重ねる必要はない。e を発音していないので e を消して
答え　writing

(4)　make をローマ字的に考えると meik ㋓㋑ときているので k を重ねる必要はない。e を発音していないので e を消して
答え　making

(5)　swim をローマ字的に考えると swim ㋑が1つでアクセントが㋑の上にあるので m を重ねて
答え　swimming

(6)　rain をローマ字的に考えると rein ㋓㋑ときているので ing をつけるだけなので
答え　raining

書きかえでわかったこと

① 単語の最後の e は発音していないので e を消して ing をつける。
② 単語の最後の音の前に㋐㋑㋒㋓㋔が１つしかない場合は最後の文字を重ねて ing をつける。
③ そのほかはふつう ing をつけるだけでよい。

それではなぜ動詞に ing をつけた場合，前に be 動詞がくる必要があるのかをいっしょに考えていきましょう。

まず考えたいのは，ing をつけた時の意味の変化です。走るの場合は ing をつけると走っているとなります。走っているという言葉は，どんな単語と同じような使い方ができるかを考えてみると，なぜ be＋動詞＋ing になるのかがわかってくるのです。

走っているはどんな単語と交かんすることができるかを考えてみましょう。たとえば，あの少年というかたまりがあるとします。そこにどんな少年かを説明したいと思った時は， あの ＿＿＿ 少年 の ＿＿＿ のところにようすをあらわす単語をいれます。たとえば ＿＿＿ のところにちいさいをいれてみると， あの ちいさい 少年 となります。かわりに走っているという単語をいれかえることはできるでしょうか。いれてみましょう。 あの 走っている 少年 となり，別におかしいかたまりではないのに気がついてもらえると思います。つまりちいさいと走っているは同じ種類の単語だということがわかります。ちいさいが 形容詞 だとすれば，走っているも 形容詞 だということになります。形容詞とは，もののようすや

状態をあらわす言葉なのです。

　ここではとにかくなぜ be＋動詞＋ing になるのかということを形容詞の2つの使い方を勉強しながらマスターしていきましょう。

|例題1|　次の日本文を英語に直してください。

(1)　あの少年はちいさい。

(2)　私はあのちいさい少年を知っています。

〈考え方と解答〉

① 「あの少年はちいさい」と書いてありますが、ですがあるものと考えて英語に直してください。すると That boy is small. になります。英語では「何がどうする」のような文を作らないといけないので、ですが日本文の中になくてもあるものとして考えます。

　つまり |形容詞| を使う場合は be＋形容詞としなければいけないわけです。ちいさいは形容詞で走っているも形容詞なので be＋ちいさい、be＋走っているとしなければいけません。だから学校では現在進行形の公式を be＋動詞の ing と呼んでいるのです。ですが be＋形容詞と覚えておけば便利なのです。

(2)　私は あのちいさい少年を 知っています
　　　①　　　③　　　　　　　②

　　I know that small boy. が答えとなります。
　　①　②　　③

|例題2|　次の日本文を英語に直し、例題1と同じようにといてみてください。

(1)　あの少年は走っている。

(2) 私はあの走っている少年を知っている。

〈考え方と解答〉

(1) 走っているはちいさいと同じ使い方の言葉なので is が必要です。That boy is small. から考えると、small のかわりに running を入れて That boy is running. が答えとなります。
(2) 答えは I know that running boy.

現在進行形に書きかえる練習をしましょう。

普通の文を現在進行形に書きかえる練習です。では次のホップ・ステップ・ジャンプの3段階でといてみましょう。

〈ホップ〉

(1) He (runs / ( ) ( )) → He ( ) ( ).
(2) He (doesn't) (run) → He ( ) ( ).
(3) (Does) he (run)? → ( ) he ( )?
(4) What (do) you (do)? → What ( ) you ( )?

〈考え方と解答〉

①現在進行形にしなさいという問題がでるとすぐに動詞に ing をつけるということを考えなければなりません。

②必ず be 動詞が前にあるかをチェックしなければなりません。

つまり、<u>1つの動詞</u>を見たら2つの（　）（　）を頭の中に思いうかべればまちがいがなくなるでしょう。そして<u>うしろの（　）に〜ing</u> をいれて<u>前の（　）に be 動詞</u>の変化をおけばいいのです。

〈ステップ〉

(1) He (　) (running).
(2) He (　) (running).
(3) (　) he (running)?
(4) What (　) you (doing)?

〈ジャンプ〉

(1) He (is) running.
(2) He (isn't) running.
(3) (Is) he running?
(4) What (are) you doing?

となります。文の中に I があれば前の（　）は（am）、You があれば（are）、he, she, your father のように<u>1人</u>の人をあらわしている時は（is）を書けばいいのです。

16日目 現在進行形の文をつくってみよう!

現在進行形に直す練習

練習1 次の英文を現在進行形の文に直してください。

(1) He runs.
(2) I run.
(3) She runs.
(4) Your father runs.
(5) You run.
(6) Your sisters run.
(7) He doesn't run.
(8) I don't run.
(9) She doesn't run.
(10) Your father doesn't run.
(11) You don't run.
(12) Your sisters don't run.
(13) Does he run?
(14) Do I run?

(15) Does she run?

(16) Does your father run?

(17) Do you run?

(18) Do your sisters run?

〈考え方と解答〉

(1) He $\begin{pmatrix} \text{runs.} \\ (\quad)(\quad) \end{pmatrix}$ → He (is) (running).

(2) I $\begin{pmatrix} \text{run.} \\ (\quad)(\quad) \end{pmatrix}$ → I (am) (running).

(3) She $\begin{pmatrix} \text{runs.} \\ (\quad)(\quad) \end{pmatrix}$ → She (is) (running).

(4) Your father $\begin{pmatrix} \text{runs.} \\ (\quad)(\quad) \end{pmatrix}$ → Your father (is) (running).

(5) You $\begin{pmatrix} \text{run.} \\ (\quad)(\quad) \end{pmatrix}$ → You (are) (running).

(6) Your sisters $\begin{pmatrix} \text{run.} \\ (\quad)(\quad) \end{pmatrix}$ → Your sisters (are) (running).

(7) He doesn't run.

　　　( ) ( ) → He (isn't) (running).

(8) I don't run.

　　( ) ( ) → I (am not) (running).

amn't と言う英語はないので am not にする。

(9) She doesn't run.

　　　( ) ( ) → She (isn't) (running).

(10) Your father doesn't run.

　　　　　　( ) ( ) → Your father (isn't) (running).

(11) You don't run.

　　　( ) ( ) → You (aren't) (running).

(12) Your sisters don't run.

　　　　　　( ) ( ) → Your sisters (aren't) (running).

(13) Does he run ?

　( ) 　( ) → (Is) he (running)?

(14) Do I run ?

　( ) ( ) → (Am) I (running)?

(15) Does she run ?

　( ) 　( ) → (Is) she (running)?

(16) Does your father run ?

　( )　　　　　( ) → (Is) your father (running)?

(17) Do you run ?

　( ) 　( ) → (Are) you (running)?

(18) Do your sisters run ?

　( )　　　　( ) → (Are) your sisters (running)?

16日目 現在進行形の文をつくってみよう！ 147

練習2 次の動詞の ing 形ともとの動詞の意味と ing 形の意味を答えてください。

(1) run
(2) swim
(3) make
(4) write
(5) read
(6) ride
(7) fly
(8) study
(9) have
(10) eat
(11) drink
(12) go
(13) come
(14) watch
(15) play
(16) stand

〈考え方と解答〉

(1) run 走る，running 走っている
(2) swim 泳ぐ，swimming 泳いでいる
(3) make ～を作る，making ～を作っている
(4) write ～を書く，writing ～を書いている
(5) read ～を読む，reading ～を読んでいる
(6) ride ～に乗る，riding ～に乗っている
(7) fly 飛ぶ，flying 飛んでいる
(8) study （～を）勉強する　studying （～を）勉強している
(9) have ～を食べる，～を飲む　having ～を食べている，～を飲んでいる
(10) eat （～を）食べる，eating （～を）食べている
(11) drink （～を）飲む，drinking （～を）飲んでいる
(12) go 行く，going 行こうとしている

⒀ come 来る, coming 来ている
⒁ watch ～を見る, watching ～を見ている
⒂ play 遊ぶ, playing 遊んでいる
⒃ stand 立つ, 立っている, standing 立っている

―――――― □□ここが知りたい□□ ――――――

質問 なぜ have の意味のところに～を食べる，～を飲むとなっているのですか。～を持つとはならないのですか。

答え するどい質問です。確かに have は（～をもつ）という意味なのですが，この場合，ing 形の勉強のところなので have には（～を食べる，～を飲む）という意味もあるということで書いてあります。

つまり，もつという意味の ing 形はふつう中学では使ってはいけないことになっています。

ですから，もつとものっているはどちらも have なのです。ただし have a bath（ヘゥヴァベァす）のようにおふろにはいるのような場合は I am having a bath.（私はおふろにはいっています）ということはできます。

ということで have は～を食べる，～を飲むにしてあります。もちろん having は～を食べている，～を飲んでいるという意味で使うことができます。

16日目 現在進行形の文をつくってみよう！ 149

―― □□ここが知りたい□□ ――

質問 have（〜をもつ，〜をもっている）と同じようにふつうの動詞の意味とing形の意味をどちらも意味するような動詞はないのですか。

答え あります。たとえばstandがあります。意味に立つと立っているという意味をもっています。そしてstandingも立っているという意味です。次の例で考えてください。

　Stand up.（立ちなさい）

　Our school stands on the hill.（私たちの学校は丘の上に立っています）

　He is standing.（彼は立っています）

つまり，建物 がずっと立っているのはstand，彼が今立っているのはstandingなのです。

練習3 次の日本文を英語に直してください。

(1) 私は走っています。

(2) あなたは走っています。

(3) 彼は走っています。

(4) あなたのお父さんは走っています。

(5) 彼らは走っています。

(6) 私は走っていません。

(7) あなたは走っていません。

(8) 彼は走っていません。

(9) あなたのお父さんは走っていません。

(10) 彼らは走っていません。
(11) 私は走っていますか。
(12) あなたは走っていますか。
(13) 彼は走っていますか。
(14) あなたのお父さんは走っていますか。
(15) 彼らは走っていますか。

〈考え方と解答〉

(1) 私は走っています。　I am running.
(2) あなたは走っています。　You are running.
(3) 彼は走っています。　He is running.
(4) あなたのお父さんは走っています。　Your father is running.
(5) 彼らは走っています。　They are running.
(6) 私は走っていません。　I am not running.
(7) あなたは走っていません。　You aren't running.
(8) 彼は走っていません。　He isn't running.
(9) あなたのお父さんは走っていません。　Your father isn't running.
(10) 彼らは走っていません。　They aren't running.
(11) 私は走っていますか。　Am I running?
(12) あなたは走っていますか。　Are you running?
(13) 彼は走っていますか。　Is he running?
(14) あなたのお父さんは走っていますか。　Is your father running?

(15) 彼らは走っていますか。　**Are they running?**

練習4　次の日本文を英語に直してください。

(1) 彼は手紙を書いています。
(2) 彼はじょうずに英語を話しています。
(3) 彼はとても速く泳いでいます。
(4) 私はこの本を読んでいます。
(5) 君は何をしていますか。
(6) 彼は何をしていますか。

ヒント　write（ウライトゥ）書く　writing（ウライティン・）書いている
a letter（アレタ～）一通の手紙
speak（スピーク）〜を話す
speaking（スピーキン・）〜を話している
read（ウリード）〜を読む
reading（ウリーディン・）〜を読んでいる
well（ウェオ）じょうずに
fast（フェアストゥ）速く　very（ベェゥリ）とても

〈考え方と解答〉

(1) 彼は手紙を書いています。

　He is writing a letter.

(2) 彼はじょうずに英語を話しています。

　じょうずにがおまけ

　答え　**He is speaking English well.**

(3) 彼はとても速く泳いでいます。

　とても速くがおまけ

答え He is swimming very fast.

(4) 私はこの本を読んでいます。

答え I am reading this book.

(5) 君は何をしていますか。

答え What are you doing?

(6) 彼は何をしていますか。

答え What is he doing?

□□ここが知りたい□□

質問 What do you do? という文の前の do とうしろの do はどういう関係になっているのですか。

答え うしろの方の do は「する」という意味の動詞です。つまり run（走る）なんかと同じ使い方の言葉なんです。

You run（君は走る）→ <u>Do</u> you <u>run</u>?（君は走りますか）

You do（君はする）→ <u>Do</u> you <u>do</u>?（君はしますか）

この2つの英文をくらべてみるとはっきりします。前の方は**疑問文を作る時の do** なんです。

注意 You do. という文は本当は正しくありません。

You do.（君はする）では意味がはっきりしません。

正しくは You do it.（君はそれをする）のように<u>何を</u>の部分が必要なのです。

―――――――― □□ここが知りたい□□ ――――――――

質問 What do you do? と What are you doing? はどういう意味なんですか。

答え What do you do? は（君の仕事は何ですか）

　　　What are you doing? は（君は何をしているのですか）

という意味です。

　<u>彼の仕事は何ですか。</u>は

　What does he do? となります。

　<u>彼は何をしているの。</u>は

　What is he doing? になります。

―――――――――――――――――――――――――

練習5　次の日本文を英語に直してください。

(1) 彼は日本人です。

(2) 彼は日本人の先生です。

(3) 彼らは日本人です。

(4) 彼らは日本人の先生です。

〈考え方と解答〉

(1) **He is Japanese.**　　Japanese＝日本人の

(2) **He is a Japanese teacher.**　　Japanese＝日本人の

(3) **They are Japanese.**　　Japanese＝日本人の

(4) **They are Japanese teachers.**　　Japanese＝日本人の

―――――――――― □□ここが大切□□ ――――――――――

「私は日本人のです」とは言いませんが英語では I am ＋ Japanese（日本人の）という言い方をします。

―――――――――― □□ここが大切□□ ――――――――――

American（アメリカン）アメリカ人の, Japanese（ヂャパニーズ）日本人の, Chinese（チャイニーズ）中国人ののような単語も形容詞と呼ばれる単語です。ふつう「～い」「～の」のような単語は形容詞と考えてもいいでしょう。ただし上の3つについては使い方に注意が必要です。なぜならばアメリカ人, 日本人, 中国人のような名詞の意味ももっているからです。

「〜の」で使った場合	「〜人」で使った場合
☑私はアメリカ人です。	☑私はアメリカ人です。
☑I am American.	☑I am an American.
☑私はアメリカ人の少年です。	☑私たちはアメリカ人です。
☑I am an American boy.	☑We are Americans.
☑私は日本人です。	☑私は日本人です。
☑I am Japanese.	☑I am a Japanese.
☑私は日本人の少年です。	☑私たちは日本人です。
☑I am a Japanese boy.	☑We are Japanese.
☑私は中国人です。	☑私は中国人です。
☑I am Chinese.	☑I am a Chinese.
☑私は中国人の少年です。	☑私たちは中国人です。
☑I am a Chinese boy.	☑We are Chinese.

注意　1人でも2人以上でも Japanese（日本人）Chinese（中国人）は同じ形になります。

17日目
itを使いこなそう！

テストによくでる表現

itの使い方を考えてみましょう。

itというのは「それ」という意味の単語なのですが、「それ」という意味よりもどちらかと言うと別に意味を何ももたないitを使った決まり文句がテストによくでます。

つまり、決まり文句なのでただ暗記するだけでいいのです。あまり「なぜ、なぜ」というようなことは、いっさい言わないでください。英語は理解すると、とても速く上達する部分と、ただたんに覚えるだけでいい部分との2つの部分からできているのです。

それではitの表現を勉強しましょう。

itの特別な使い方

天候をあらわす場合や、日時をあらわす時、そして時間やきょりをあらわす時、ふつうitからはじめる場合が多いのです。

さあ、ではしっかり覚えてしまいましょう。

覚えよう！　——天候編　part 1——

☐今日は、はれています。☐(1) It is a nice day.

17日目 itを使いこなそう！　157

☐(2) It is nice today.

☐今日はくもりです。 ☐(1) It is a cloudy day.

☐(2) It is cloudy today.

☐今日は雨ふりです。 ☐(1) It is a rainy day.

☐(2) It is rainy today.

☐今日は風が強いです。 ☐(1) It is a windy day.

☐(2) It is windy today.

☐今日は雪ふりです。 ☐(1) It is a snowy day.

☐(2) It is snowy today.

ヒント　nice（ナイス）はれた　day（デイ）日
today（トゥデイ）今日　cloudy（クラウディ）くもりの
rainy（ウレイニ）雨の　windy（ウィンディ）風の強い
snowy（スノウウィ）雪ふりの

覚えよう！　　——天候編　part 2 ——

☐雨がふっています。　☐It is raining.

☐雨がふる。　☐It rains.

☐雪がふっています。　☐It is snowing.

☐雪がふる。　☐It snows.

ヒント　snow(s)（スノウ（ズ））雪がふる
rain(s)（ウレイン（ズ））雨がふる
snowing（スノウィン・）雪がふっている
raining（ウレイニン・）雨がふっている

覚えよう！ ——きせつ・時・日編——

☐春です。　It is spring.　☐spring（スプゥリン・）
☐夏です。　It is summer.　☐summer（サマ〜）
☐秋です。　It is fall.　☐fall（フォーオ）
☐冬です。　It is winter.　☐winter（ウィンタ〜）
☐日曜日です。　It is Sunday.　☐Sunday（サンデイ）
☐月曜日です。　It is Monday.　☐Monday（マンデイ）
☐火曜日です。　It is Tuesday.　☐Tuesday（テューズデイ）
☐水曜日です。　It is Wednesday.　☐Wednesday（ウェンズデイ）
☐木曜日です。　It is Thursday.　☐Thursday（さ〜ズデイ）
☐金曜日です。　It is Friday.　☐Friday（フゥライデイ）
☐土曜日です。　It is Saturday.　☐Saturday（セァタデイ）

覚えよう！ ——時間編——

☐8時です。　☐It is eight o'clock.
☐8時10分です。　☐(1)　It is eight ten.
　　　　　　　　☐(2)　It is ten past eight.
　　　　　　　　☐(3)　It is ten after eight.
☐7時50分です。　☐(1)　It is seven fifty.
　　　　　　　　☐(2)　It is ten to eight.
　　　　　　　　☐(3)　It is ten before eight.

17日目 it を使いこなそう！ 159

覚えよう！　——日付編——

- ☐ 1月1日です。　☐ It is January (the) first.
- ☐ 2月2日です。　☐ It is February (the) second.
- ☐ 3月3日です。　☐ It is March (the) third.
- ☐ 4月4日です。　☐ It is April (the) fourth.
- ☐ 5月5日です。　☐ It is May (the) fifth.
- ☐ 6月6日です。　☐ It is June (the) sixth.
- ☐ 7月7日です。　☐ It is July (the) seventh.
- ☐ 8月8日です。　☐ It is August (the) eighth.
- ☐ 9月9日です。　☐ It is September (the) ninth.
- ☐ 10月10日です。　☐ It is October (the) tenth.
- ☐ 11月11日です。　☐ It is November (the) eleventh.
- ☐ 12月12日です。　☐ It is December (the) twelfth.

※最近では (**the**) を使わない場合も多い。

〈読み方〉

- ☐ 1月　January（ヂェアニュアゥリ）
- ☐ 2月　February（フェブゥルアゥリ）
- ☐ 3月　March（マーチ）
- ☐ 4月　April（エイプゥリオ）
- ☐ 5月　May（メイ）
- ☐ 6月　June（ヂューン）
- ☐ 7月　July（ヂュライ）
- ☐ 8月　August（オーガストゥ）

- ☐ 9月　September（セプテンバ～）
- ☐ 10月　October（オクトゥバ～）
- ☐ 11月　November（ノゥヴェンバ～）
- ☐ 12月　December（ディセンバ～）
- ☐ 第1番目の　first（ファ～ストゥ）
- ☐ 第2番目の　second（セカンドゥ）
- ☐ 第3番目の　third（さ～ドゥ）
- ☐ 第4番目の　fourth（フォーす）
- ☐ 第5番目の　fifth（フィフす）
- ☐ 第6番目の　sixth（スィックスす）
- ☐ 第7番目の　seventh（セヴンす）
- ☐ 第8番目の　eighth（エイトゥす）
- ☐ 第9番目の　ninth（ナインす）
- ☐ 第10番目の　tenth（テンす）
- ☐ 第11番目の　eleventh（イレヴンす）
- ☐ 第12番目の　twelfth（トゥウェオフす）

これだけは覚えましょう──きょり編──

- ☐ ここから東京まで5kmです。
  - ☐ It is 5km from here to Tokyo.
  - ☐ 5km＝5 kilometers（ファイブキロミータァ～ズ）
- ☐ ここから東京まで10分かかります。
  - ☐ It takes 10 minutes from here to Tokyo.
  - ☐ from（フロム）〜から　☐ to（トゥ）〜へ
  - ☐ take(s)（テイク（ス））（時間などが）かかる

☐one minute（ワンミニットゥ）1分

絶対テストにでる it を使った表現

☐ここから東京までどれぐらいのきょりがありますか。
　☐How far is it from here to Tokyo?
☐ここから東京までどれぐらいかかりますか。
　☐How long does it take from here to Tokyo?
☐今日は何曜日ですか。
　☐What day is it today?
☐今日は何日ですか。
　☐What is the date today?
☐君の時計では何時ですか。
　☐What time is it by your watch?

これだけは覚えましょう

——how, who, what を使った決まり文句——
☐あなたは何才ですか。　☐How old are you?
☐あなたはだれですか。　☐Who are you?
☐あなたの仕事は何ですか。　☐What are you?
☐あなたの名前は何ですか。　☐What is your name?

〈読み方のポイント〉

　テストにおいては必ず最後を下げて発音しましょう。実際には最後を軽く上げて発音する人の方がアメリカやイギリスでは

多いようです。

これだけは覚えましょう

——There are を使った表現——

☐私の部屋にはまどが2つあります。
　☐(1)　There are 2 windows in my room.
　☐(2)　My room has 2 windows.

☐1週間は7日あります。
　☐(1)　There are seven days in a week.
　☐(2)　A week has seven days.

☐あなたの部屋には2つまどがありますか。
　☐(1)　Are there 2 windows in your room?
　☐(2)　Does your room have 2 windows?

☐1週間は何日ありますか。
　☐(1)　How many days are there in a week?
　☐(2)　How many days does a week have?

☐きみの部屋にはまどがいくつありますか。
　☐(1)　How many windows are there in your room?
　☐(2)　How many windows does your room have?

〈読み方〉

☐There are（ゼア〜アー）あります

☐room（ウルーム）部屋　☐week（ウィーク）週

17日目　itを使いこなそう！　163

―――― □□ここが知りたい□□ ――――

質問　なぜ How many windows are there in your room? とか How many days does a week have? という文ができるのですか。

答え　There are <u>7 days</u> in a week.
　　　　　　　　↓
　　How many days＋are there＋in a week?
　　　疑問詞　　　　　　疑問文　　　おまけ？

　　A week has <u>7 days</u>.
　　How many days＋does a week have?
　　　疑問詞　　　　　　疑問文

のように，文のつくり方がなっているからです。
　しっかり理解してしまってください。

―――― □□ここが知りたい□□ ――――

質問　つくえの上に本が1さつあります。
　There is a book on the desk.
　のような場合は is になっていますが，There are ―. になっている時もあるようです。どうやって使い分けをすればいいのですか。

答え　There (　　) a book. ならば意味が a book is (<u>1さつの本があります</u>) なので **is** になります。
　同じように There (　　) 2 books. ならば意味が <u>2さつの本があります</u>なので **2 books are** になるわけです。

> だから本当は There are 〜, There is 〜. の <u>is と are</u> に「あります」という意味があるのであって <u>there</u> にはもともと意味はまったくありません。

これだけは覚えましょう

☑彼は黒いかみのけをしています。　☑He has dark hair.
☑彼のかみは黒いです。　☑His hair is dark.
☑彼は黒い目をしています。　☑He has dark eyes.
☑彼の目は黒いです。　☑His eyes are dark.
☑eyes（アイズ）目，☑hair（ヘア〜）かみの毛，☑dark（ダーク）黒い

数をあらわす表現

覚えよう！

☑私はすうさつの本をもっています。
　☑I have some books.
☑私はたくさんの本をもっています。
　☑(1)　I have many books.
　☑(2)　I have a lot of books.
☑私はまったく本をもっていません。
　☑(1)　I have no books.
　☑(2)　I don't have any books.

☑私はまったくお金をもっていません。
- ☑(1) I have no money.
- ☑(2) I don't have any money.

☑あなたはすうさつの本をもっていますか。
- ☑Do you have any books?

☑あなたは何さつ本をもっていますか。
- ☑How many books do you have?

ここがねらわれる

次の文を疑問文と否定文にしてください。

(1) You have some books.

| 疑問文 | Do you have <u>any</u> books? |
| 否定文 | You <u>don't</u> have <u>any</u> books. |

動詞と名詞で同じ意味をあらわせる表現

覚えよう！

☑私は野球をします。
- ☑(1) I (can) <u>play</u> baseball.
- ☑(2) I am a baseball <u>player</u>.

☑私はピアノがひけます。
- ☑(1) I can play the piano.
- ☑(2) I am a <u>pianist</u>.

☑私は速く走ります。

- (1) I (can) run fast.
- (2) I am a fast runner.

☐彼はじょうずにおよぐ。

- (1) He can swim well.
- (2) He swims well.
- (3) He is a good swimmer.

☐彼は英語をじょうずに話せる。

- (1) He can speak English well.
- (2) He is a good speaker of English.

☐☐ここが大切☐☐

☐good（グッドゥ）良い，じょうずな

☐well（ウェオ）よく，じょうずに。

☐fast（フェアストゥ）速い，速く。

ヒント　play（プレイ）〜をする　baseball（ベイスボーオ）野球
run（ウラン）走る　runner（ウラナ〜）走る人
swim（スウィム）泳ぐ　swimmer（スウィマ〜）泳ぐ人
play the piano（プレイざピエァノゥ）ピアノをひく
pianist（ピエァニストゥ）ピアノをひく人
speak（スピーク）〜を話す　speaker（スピーカ〜）話す人

ここをまちがえる

a.「あなたはいくつ本をもっていますか」
b.「あなたはいくらかの本をもっていますか」

このaとbの意味を日本語でよく理解しましょう。

aは2冊の本を持っているのような答えになります。

bははいとかいいえというような答えになります。

つまりaは How many books ＋ do you have?
　　　　　 (何さつの本)　　　 (あなたはもっていますか)

bは Do you have any books? になります。
　　(あなたはすうさつ本をもっていますか)

18日目

it を使うのはどんなとき？

it の文の練習をしましょう。

練習1　次の日本文を英語に直してください。

(1)　今日ははれています。(2種類)
(2)　今日はくもりです。(2種類)
(3)　今日は雨ふりです。(2種類)
(4)　今日は風が強いです。(2種類)
(5)　今日は雪ふりです。(2種類)
(6)　雨がふっています。
(7)　雨がふる。
(8)　雪がふっています。
(9)　雪がふる。
(10)　春です。
(11)　夏です。
(12)　秋です。
(13)　冬です。
(14)　日曜日です。
(15)　月曜日です。
(16)　火曜日です。
(17)　水曜日です。
(18)　木曜日です。
(19)　金曜日です。
(20)　土曜日です。
(21)　8時です。
(22)　8時10分です。(3種類)
(23)　7時50分です。(3種類)
(24)　1月1日です。
(25)　2月2日です。
(26)　3月3日です。
(27)　4月4日です。
(28)　5月5日です。
(29)　6月6日です。
(30)　7月7日です。
(31)　8月8日です。
(32)　9月9日です。

(33) 10月10日です。　　　　　　(34) 11月11日です。
(35) 12月12日です。　　　　　　(36) ここから東京まで5kmです。
(37) ここから東京までどれぐらいかかりますか。
(38) 今日は何曜日ですか。　　　(39) 今日は何日ですか。
(40) きみの時計では何時ですか。　(41) きみは何才ですか。
(42) きみはだれですか。　　　　(43) きみの仕事は何ですか。
(44) あなたの名前は何ですか。
(45) 私の部屋にはまどが2つあります。(2種類)
(46) 1週間は7日あります。(2種類)
(47) あなたの部屋にはまどが2つありますか。(2種類)
(48) 1週間は何日ありますか。(2種類)
(49) きみの部屋にはまどがいくつありますか。(2種類)
(50) 彼は黒いかみの毛をしています。
(51) 彼のかみの毛は黒いです。
(52) 彼は黒い目をしています。
(53) 彼の目は黒いです。
(54) 私はすうさつの本をもっています。
(55) 私はたくさんの本をもっています。(2種類)
(56) 私はまったく本をもっていません。(2種類)
(57) 私はまったくお金をもっていません。(2種類)
(58) あなたはすうさつの本をもっていますか。
(59) あなたは何さつ本をもっていますか。
(60) 私は野球をします。(2種類)
(61) 私はピアノがひけます。(2種類)
(62) 私は速く走ります。(2種類)

(63) 彼はじょうずに泳ぐ。(3 種類)

(64) 彼はじょうずに英語を話せる。(2 種類)

〈考え方と解答〉

(1) ① It is a nice day.　② It is nice today.
(2) ① It is a cloudy day.　② It is cloudy today.
(3) ① It is a rainy day.　② It is rainy today.
(4) ① It is a windy day.　② It is windy today.
(5) ① It is a snowy day.　② It is snowy today.
(6) It is raining.
(7) It rains.
(8) It is snowing.
(9) It snows.
(10) It is spring.
(11) It is summer.
(12) It is fall.
(13) It is winter.
(14) It is Sunday.
(15) It is Monday.
(16) It is Tuesday.
(17) It is Wednesday.
(18) It is Thursday.
(19) It is Friday.
(20) It is Saturday.
(21) It is eight o'clock.
(22) ① It is eight ten.　② It is ten past eight.
　　③ It is ten after eight.
(23) ① It is seven fifty.　② It is ten to eight.
　　③ It is ten before eight.
(24) It is January the first.
(25) It is February the second.
(26) It is March the third.
(27) It is April the fourth.
(28) It is May the fifth.
(29) It is June the sixth.
(30) It is July the seventh.
(31) It is August the eighth.

(32) It is September the ninth. (33) It is October the tenth.
(34) It is November the eleventh.
(35) It is December the twelfth.
(36) It is 5km from here to Tokyo.
(37) How long does it take from here to Tokyo?
(38) What day is it today? (39) What is the date today?
(40) What time is it by your watch?
(41) How old are you? (42) Who are you?
(43) What are you? (44) What is your name?
(45) ① There are 2 windows in my room.
　　② My room has 2 windows.
(46) ① There are seven days in a week.
　　② A week has seven days.
(47) ① Are there 2 windows in your room?
　　② Does your room have 2 windows?
(48) ① How many days are there in a week?
　　② How many days does a week have?
(49) ① How many windows are there in your room?
　　② How many windows does your room have?
(50) He has dark hair. (51) His hair is dark.
(52) He has dark eyes. (53) His eyes are dark.
(54) I have some books.
(55) ① I have many books. ② I have a lot of books.
(56) ① I have no books. ② I don't have any books.
(57) ① I have no money. ② I don't have any money.

(58)　Do you have any books?

(59)　How many books do you have?

(60)　① I (can) play baseball. 　② I am a baseball player.

(61)　① I can play the piano. 　② I am a pianist.

(62)　① I (can) run fast. 　② I am a fast runner.

(63)　① He swims well. 　② He can swim well.

　　③ He is a good swimmer.

(64)　① He can speak English well.

　　② He is a good speaker of English.

ここをまちがえる

(1)　彼は英語を<u>話せる</u>。　　(2)　彼は速く<u>走る</u>。

(1)の文は「～せる」で can の意味があるので <u>can</u> を使わなければならないのです。(2)の文は走るとなっていてできるの意味がないので，<u>can</u> はなくていいのです。ただし，<u>He</u> の場合や <u>Your father</u> のような時は <u>runs</u> にすることをわすれてはいけません。もしもできるの意味がなくて，can をいれてもまちがいとは言えないでしょう。

覚えよう！

☐彼は英語の先生です。

　☐(1)　He is an English teacher.

　☐(2)　He is a teacher of English.（会話では使いません。）

☐彼はテニスの選手です。

☑(1) He is a tennis player.
☑(2) He is a player of tennis.

□□ここが大切□□

ふつうは<u>動詞</u>に <u>er</u> をつけると<u>人</u>をあらわすことができます。

☑teach（ティーチ）教える　☑teacher（ティーチァ〜）教える人

☑run（ゥラン）走る　☑runner（ゥラナ〜）走る人

☑swim（スウィム）泳ぐ　☑swimmer（スウィマ〜）泳ぐ人

☑speak（スピーク）話す　☑speaker（スピーカ〜）話す人

注意	☑play the piano（プレイざピエァノウ）ピアノをひく ☑pianist（ピエァニストゥ）ピアノをひく人

□□ここが大切□□

黒い目を英語に直す時は dark eyes は○ですが，black eyes は×になります。

黒いかみの毛は black hair も dark hair も○です。

□□ここが知りたい□□

質問	なぜ黒い目の時は black eyes は使うことができないのですか。
答え	a black eye でなぐられた時にできる黒いあざのことを意味するので，black eyes はふつうは使わない方がいいでしょう。

19日目
音とつづりとイントネーション

　いよいよ私がお話しするのも第19日目で最後になります。長い間私を信じて勉強してくださったみなさんの努力に対してお礼を言いたい気持ちでいっぱいです。なんと言っても私の話に耳をかたむけてくれる人たちがいてはじめて私の話も生きるのですから。

　それでは最後の勉強をはじめてさせていただきます。この第19日目では今までにお話できなかったことや，ぜったいここだけは理解しておいてほしいものだけを集中的に説明していきたいと思います。

　今までは文法（文の作り方のルール）を中心にお話ししましたが，これからは，**音**や**つづり**の話と文の**イントネーション**（どこを強く読むか，またうしろを上げるか下げるか）を中心にお話しさせていただきます。

英語の音とつづりの関係について

　英語には a（ア）i（イ）u（ウ）e（エ）o（オ）の5つの**母音**（ぼいん）と呼ばれているものと bcdfghjklmnpqrstvwxyz のように**子音**（しいん）と呼ばれているものがあります。ここでは母音の意味や子音の意味についてはふれません。そんなことよりも，と

にかく音とつづりの関係を知ってほしいのです。

英語とローマ字には深い関係があります。だから，ローマ字は，知っておいた方がいいと思います。ここではローマ字の話はしませんので，しっかり復習しておいてくださいね。

英語の音とつづりの関係（ポイント）

ローマ字を英語の単語に変える方法					
ローマ字読み	a(ア)	i(イ)	u(ウ)	e(エ)	o(オ)
英語読み	a(エイ)	i(アイ)	u(ユー)	e(イー)	o(オウ)
	△	△	△	△	△
	e	e	e	e	e

まず**2つの読み方**があると言うことを理解してほしいのです。そしてa（エイ）と読むとe，o（オウ）と読むとeがうしろにくることが多いということを覚えてください。

たとえば「ネイム」という英語の単語があるとします。あなたは「ネイム」を英語でどう書くのか知らないとします。あなたはどうしますか。そんな時に役に立つ勉強の仕方を考えてみましょう。

例題1　「ネイム」を英語に直しましょう。

(1) neimu　「ネイム」をローマ字であらわします。
(2) neim　uの音を消します。
(3) neim　のeiのところに―を引きます。
(4) ei△e　[エイ 三角 イー] ととなえます。
(5) na△e　eiをaにかえます。

(6) name　△のところに m をおろしてます。

(7) <u>ネイムを英語に直す</u>と name になります。

例題 2　「バイク」を英語に直しましょう。

(1) baiku　「バイク」をローマ字であらわします。

(2) baik　u の音を消します。

(3) b<u>ai</u>k　ai のところに—を引きます。

(4) i△e　[アイ　△　イー] ととなえます。

(5) bi△e　<u>ai</u> を <u>i</u> にかえます。

(6) bike　△のところに k をおろします。

(7) <u>「バイク」を英語に直す</u>と bike になります。

例題 3　「ノウト」を英語に直しましょう。

(1) nouto　「ノウト」をローマ字であらわします。

(2) nout　o の音を消します。

(3) n<u>ou</u>t　ou のところに—を引きます。

(4) o△e　[オウ　△　e] ととなえます。

(5) no△e　<u>ou</u> を o にかえます。

(6) note　△のところに t をおろします。

(7) <u>「ノウト」を英語に直す</u>と note になります。

19日目 音とつづりとイントネーション

――― □□ここが大切□□ ―――

ローマ字	発音記号	英語のつづり
neimu ―――	[neim] ―――	name
baiku ―――	[baik] ―――	bike
nouto ―――	[nout] ―――	note

　この表をみてもらえばよくわかると思いますが，ローマ字を発音記号（ある単語の発音の仕方を記号であらわしたもの）に直す時にuやoを消していることに気がつくと思います。ローマ字はあくまでも日本語の音を英語にやや近いものに直したものなので，英語とまったく同じだということではないのです。

〈英語の特色〉

　ほとんどの英語の単語では最後の音はアイウエオでおわることはありません。つまりneimu（ネェイムゥ）の場合は ウ の音がはっきりのこっていますが，英語の[neim]の音の場合には ウ の音は発音しないということです。つまり[neim]を正しく発音しようとすれば，日本語のmuの音から u の音を消さなければならないということです。

これだけは覚えましょう

　b（ブ）　c（ク，ス）　d（ドゥ）　f（ふ）　g（ジ，グ）　h（フ）　j（ジ）　k（ク）　l（る）　m（ム）　n（ン，ヌ）　p（プ）　q（ク）　r（ル）　s（ス）　t（トゥ）　v（ヴ）　w（ウ）　x（クス）　z（ズ）

という読み方で上の文字を覚えましょう。声で読むのではなくて，短く，息で音をだすようにしてください。とくに，これらの文字が単語の最後にきた時は ウ や イ の音をいわないで発音しましょう。ただし単語の中にきた時は b を例にして考えてみますと ba（バ）bi（ビ）bu（ブ）be（ベ）bo（ボ）のようにローマ字読みしてもいいのです。

   例   box → bo（ボォ）x（クス）
        dog → do（ドォ）g（グ）

英語の音とつづりの関係（ポイント）

これだけは覚えましょう

① oo を見ると，ウ，またはウーと考えましょう。
② c, ck, k を見たらクと考えましょう。
③ ss を見たらス，s だけならスまたはズと考えましょう。
④ al を見たらオーと読みましょう。
⑤ on または un を見たらアンと考えましょう。
⑥ ai または ay を見たらエイと読みましょう。
⑦ u または o を見たらアと読むのかもしれないと思ってください。
⑧ er または re はアーと読んでみましょう。
⑨ l のうしろに aiueo がない時は単語のと中または単語の最後にくる時はウまたはオと発音しましょう。

英語の文を英語らしく読む方法（ポイント1）

☑ a　black　bírd　　黒い 鳥
　（ア）ブらック バード　　形　名

☑ a　bláck　bird　　黒 鳥
　　ブらック バード　　　名　名

☑ a　white　hóuse　　白い 家
　　ホワイト ハウス　　　形　名

☑ the Whíte House　　ホワイト ハウス
　　ホワイト ハウス　　　　名　　　名

☑ a nótebook　　ノートブック
　　ノウトブック　　名　　名

|形| は |形容詞|、|名| は |名詞| を意味しています。

ポイント1　|形|＋|名| の時・●と発音します。|名|＋|名| の場合は ●・のように読みます。

例題1　English にはイギリス（人）のと英語という2つの意味があります。次の日本語にあたる英語を正しく読みわけてください。強く読むところに●のマークをつけてください。そして弱く読むところには小さく・のマークをつけてください。

(1) 英語の先生　**an English teacher**

(2) イギリス人の先生　an English teacher

〈考え方と解答〉

(1) 英語の先生は 名 + 名 なので●・となります。
(2) イギリス人の先生は 形 + 名 となるので・●。

答え

(1) an English teacher　　英語＋先生
　　　●　　　・

(2) an English teacher　　イギリス人の＋先生
　　　・　　　●

英語の文を英語らしく読む方法（ポイント2）

――can, do, does, is, am, are の正しい読み方――

can, do, does, is, am, are はふつう弱く読むが文の1番最後にきた時は強く読む。

Is he a teacher?　　Yes, he is.
・・　●　　　　　●・●
（彼は先生ですか）　（はい）

Do you speak English?　　Yes, I do.
・・　●　　●　　　　　●・●
（あなたは英語を話しますか）　（はい）

まとめ

Yes, he is a teacher. → Yes, he **is**.
                    ● ・ ●

Yes, I speak English. → Yes, **I do**.
                   ● ・ ●

英語の文を英語らしく読む方法（ポイント3）

文の中で強めて発音したいところの位置がかわれば意味が大きくかわります。

You speak English. 「ほかの人はしりませんがあなたは英語を話しますね」	代名詞は普通，強めて発音することはまずないのですが，もし **You** を強めて発音すると左のような意味になります。
You **speak** English. 「きみは書いたり聞いたりはできないとしても話すことだけはできるのですね」	動詞は強めて発音することはありますが，とくに強めて発音したとすれば左のような意味になります。
You speak **English**. 「きみはほかの外国語は話せるのかわからないけど英語だけは話せるんだよね」	名詞も強めて発音することはありますが，とくに強めて発音すると左のような意味になります。

You ___ speak English . 「あなたが英語を話しなさい」のような命令の意味になります。	普通代名詞 You などを強めて発音はしませんが，もし You と強く言って，ちょっと間をおいて speak English と強く言うと左のような意味になります。

--- □□ここが知りたい□□ ---

質問 文の上がり下がりで意味がかわることはあるのですか。

答え はいあります。たとえば次のような例があります。

You speak English. ↓ あなたは英語を話します。

= ⎡ You speak English. ↑ あなたは英語を話しますか。
　 ⎣ Do you speak English? あなたは英語を話しますか。

大切	疑問文，Is, Are, Do, Does からはじまる文はうしろを上げて言わなければならないのです。

--- □□ここが知りたい□□ ---

質問 学校で習うイントネーション（上がり下がり）と実際に使うものとの間に差があるのはありますか。

答え What is your name? ↓ （名前は何ですか）

What is your name? ↑ （お名前は何ていうの）

つまり，学校では what や how, where, when などからはじまる文は最後を下げて言うようにと習いますが，最後を軽く上げて言うとやさしい感じで親しみの気持ち

をいれることができます。

□□ここが知りたい□□

質問 どんな単語を強く読むのですか。それから弱く読むのはどんな単語ですか。

答え 弱く発音するものだけ覚えましょう。

(1) do や can や is などの仲間の単語
(2) he, him などの仲間の単語と some やany
(3) at, in, to などの仲間の単語
(4) a や the など
(5) and (そして) とか but (バットゥ) しかし

これで私の話はすべておしまいです。ここまでがんばってきてくれた人に, はくしゅをおくります。

20日目

ガンバレ！
20日間の総復習

　この第20日目が，いよいよ最後の力だめしをする場所になってしまいました。今までに勉強したことの大切なところと，音とつづりとイントネーションの中から練習問題を考えました。最後まで，がんばってください。

問 1

　次の文字を見た時に，どういうふうに読めばいいのか，を答えて下さい。

(1) oo（2種類）　　　　　　(2) c, ck, k
(3) ss　　　　　　　　　　 (4) s（2種類）
(5) al　　　　　　　　　　 (6) on または un
(7) ai または ay　　　　　 (8) er または re
(9) l のうしろに aiueo がない時で，<u>単語の途中</u>または<u>さいご</u>
(10) b　　　　　　　　　　 (11) d
(12) f　　　　　　　　　　 (13) g
(14) h　　　　　　　　　　 (15) j
(16) k　　　　　　　　　　 (17) m

(18) n (19) p
(20) q (21) r
(22) s (23) t
(24) v (25) w
(26) x (27) z

ここを覚えましょう		
読み方	y　アイとイ	単語の**さいご**に使う
読み方	i　アイとイ	単語の**始め**と**途中**に使う

〈考え方と解答〉

(1) oo　答え　ウまたはウー　　(2) c, ck, k　答え　ク
(3) ss　答え　ス　　(4) s　答え　スまたはズ
(5) al　答え　オー　　(6) on または un　答え　アン
(7) ai または ay　答え　エイ
(8) er または re　答え　ア〜　口をあまり開けない「ア〜」
(9) l　答え　ウまたはオのように聞こえる
(10) b　答え　ブ　　(11) d　答え　ドゥ
(12) f　答え　ふ　　(13) g　答え　グ, ジ
(14) h　答え　フ　　(15) j　答え　ジ
(16) k　答え　ク　　(17) m　答え　ム
(18) n　答え　ヌまたはン　　(19) p　答え　プ
(20) q　答え　ク　　(21) r　答え　ゥル
(22) s　答え　ス　　(23) t　答え　トゥ
(24) v　答え　ヴ　下の口唇をかむようにしてブと言えばよい

(25) w 答え ウ　　　　　(26) x 答え クス
(27) z 答え ズ

問 2

イントネーションについての問題です。学校のテストでいい点をとってもらうための問題なので、ふつう学校で習ったような答え方をして下さい。

次の文の（　）中に、↓または↑の矢印をつけて下さい。

(1) What is your name?　(　)
(2) Do you have a book?　(　)
(3) You speak English?　(　)
(4) You speak English.　(　)
(5) You don't speak English.　(　)
(6) How many books do you have?　(　)
(7) Is he a teacher?　(　)
(8) Is this a book (　) or a notebook?　(　)

〈考え方と解答〉

What（何）, When（いつ）, Where（どこ）, Who（だれ）, Why（なぜ）, How many books（何冊の本）, How（どういうふうに）のようなものがくると、すべて、さいごを（↓）下げる〈ポイント1〉

Is, Am, Are, Do, Does, Canのような単語からはじまって

いるとさいごを（↑）**上げる**。〈ポイント2〉

このような考え方から，問題を解くと次のようになります。

(1) What（↓）
(2) Do ～?（↑）
(3) You speak English? ?がついているので Do you speak English? の意味と同じ意味をあらわすので（↑）
(4) You（↓）
(5) You（↓）
(6) How many books（↓）
(7) Is ～?（↑）
(8) この問題は，Is this a book（↑）or a notebook?（↓）となります。

□□ここが大切□□

A or B のイントネーションは A↑ or B↓?

問 3

次の動詞の3人称単数のsまたはesをつけて下さい。そして読み方も，書いて下さい。

(1) fly（フライ）飛ぶ
(2) study（スタディ）勉強する
(3) watch（ワッチ）～を見る
(4) go（ゴウ）行く
(5) make（メイク）作る

(6) write (ウライトゥ) ～を書く
(7) look (ルック) 見る
(8) swim (スウィム) 泳ぐ
(9) play (プレイ) 遊ぶ

〈考え方と解答〉 ついでに覚えてしまおう！

(1) fly → flies (フライ(ズ))
(2) study→studies (スタディ(イズ))
(3) watch→watches (ワッチ(イズ))
(4) go→goes (ゴウ(ズ))
(5) make→makes (メイク(ス))
(6) write→writes (ウライ(ツ))
(7) look→looks (ルック(ス))
(8) swim→swims (スウィム(ズ))
(9) play→plays (プレイ(ズ))

さいごの単語の音が，声で発音するものは(ズ)，息で発音するものは，(ス)

---

ay以外のyでおわっている単語はyをiesにして下さい。

---

(3)の音でおわっているものは，es (イズ) というのが1番いいやすいからです。

あなたも言ってみましょう。

ワッチス，ワッチズ，ワッチィズ

問 4

次の o で終わる単語は，s または es をつけます。どちらにあてはまっているでしょうか。また，s をつけた理由を教えて下さい。

(1) piano (2) potato
(3) tomato

〈考え方と解答〉

(1) piano<u>s</u> (2) potato<u>es</u>
(3) tomato<u>es</u>

□□ここが大切□□

ピアノは，もともと<u>ピアノフォルテ</u>という名前のピアノだけを名前にしたものだから，うしろの単語のかわりに，s をつけたもの。

問 5

次の英語の意味を教えて下さい。● は強く，• は弱く発音することをあらわしています。

(1)
   •   ●
  an English teacher

(2)
   ●   •
  an English teacher

(3)
   •   ●
  a black bird

(4)
   ●   •
  a black bird

〈考え方と解答〉

- ●・は、㋕＋㋔、・●は㋔＋㋔のパターンなので、

(1) an English teacher は・●なので、イギリス人の先生
(2) an English teacher は●・なので、英語の先生
(3) a black bird は・●なので、黒い鳥
(4) a black bird は●・なので、つぐみ

問 6

次は応用力の問題です。㋔＋㋔は●・、㋕＋㋔は・●になります。次の単語はどちらの読み方をすればいいでしょうか。

(1) a notebook（ノウトゥブック）ノート
(2) a tape recorder（テイプ ゥリコーダ〜）テープレコーダー
(3) a dancing girl（デァンスィン・ガ〜オ）ダンサー
(4) a dancing girl（デァンスィン・ガ〜オ）踊っている少女

〈考え方と解答〉

(1) notebook　ノート＋ブックなので●・
(2) tape recorder　テェイプ＋レコーダーなので●・
(3) dancing girl　ダンサーなので●・
(4) dancing girl　踊っている＋少女なので・●

20日目　ガンバレ！　20日間の総演習　191

問 7

次の単語は，どういうふうに読めばいいのでしょうか。

(1) bog
(2) tax
(3) bay
(4) tile
(5) tale
(6) bike
(7) bake
(8) gave
(9) note
(10) rod
(11) rode
(12) lake
(13) take

〈考え方と解答〉

(1) bog　　bo＋g　　ボ＋グ　　答え　ボッグ
(2) tax　　ta＋x　　タ＋クス　答え　ﾃｧックス
(3) bay　　b＋ay　　ブ＋エイ　答え　ベイ
(4) tile　　ti△e　　tai＋l　　答え　タイオ
(5) tale　　ta△e　　tei＋l　　答え　テイオ
(6) bike　　bi△e　　bai＋k　　答え　バイク
(7) bake　　ba△e　　bei＋k　　答え　ベイク
(8) gave　　ga△e　　gei＋v　　答え　ゲイヴ
(9) note　　no△e　　nou＋t　　答え　ノウトゥ
(10) rod　　ro＋d　　ロ＋ド　　答え　ｳﾛッドゥ
(11) rode　　ro△e　　rou＋d　　答え　ｳロウドゥ
(12) lake　　la△e　　lei＋k　　答え　レイク
(13) take　　ta△e　　tei＋k　　答え　テイク

問 8

次のローマ字を発音記号に，次に，英語の公式にして，最後に英語のつづりに直して下さい。

(1) baiku
(2) beiku
(3) laiku
(4) roudo
(5) saido
(6) teiku
(7) mailu
(8) smailu
(9) taimu
(10) seimu

	ローマ字	発音記号	英語の公式	英語のつづり
例	neimu	[neim]	na△e	name

〈考え方と解答〉

	ローマ字	発音記号	英語の公式	英語のつづり
(1)	baiku	[baik]	bi△e	**bike**
(2)	beiku	[beik]	ba△e	**bake**
(3)	laiku	[laik]	li△e	**like**
(4)	roudo	[roud]	ro△e	**rode**
(5)	saido	[said]	si△e	**side**
(6)	teiku	[teik]	ta△e	**take**
(7)	mailu	[mail]	mi△e	**mile**
(8)	smailu	[smail]	smi△e	**smile**
(9)	taimu	[taim]	ti△e	**time**
(10)	seimu	[seim]	sa△m	**same**

いよいよ，みなさんとも，お別れの時がやって来ました。この20

日間，この本につきあってくださって，本当にありがとうございました。またいつか，中学2年生の本で，お会いしましょう。その時まで，さようなら。

「喜びをもって勉強すれば，喜びもまたきたる」

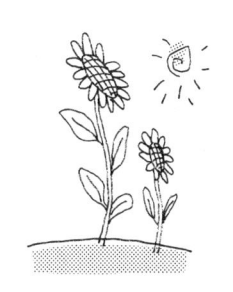

●著者略歴
長沢 寿夫(ながさわとしお)
1980年　ブックスおがた書店のすすめで、川西、池田、伊丹地区の家庭教師をはじめる。
1981年～1984年　教え方の研究のために、塾・英会話学院・個人教授などで約30人の先生について英語を習う。その結果、やはり自分で教え方を開発しなければならないと思い、長沢式の勉強方法を考えだす。
1986年　旺文社『ハイトップ英和辞典』の執筆・校正の協力の依頼を受ける。
1992年　旺文社『ハイトップ和英辞典』の執筆・校正のほとんどを手がける。

●主な著書
『中学3年分の英語を3週間でマスターできる本』
『中学・高校6年分の英語が3週間でわかる本』
『日本一やさしい英作文』
『日本一やさしい英文法』
『日本一やさしい日常英会話』ほか多数。

●校正協力
丸橋一広

―― ご意見をお寄せください ――
ご愛読いただきありがとうございました。本書の読後感・御意見等を愛読者カードにてお寄せください。また、読んでみたいテーマがございましたら積極的にお知らせください。今後の出版に反映させていただきます。
編集部　☎(03)5395-7651

新装版「中１英語」 20日間でマスターできる本

| 2001年5月31日 | 初版発行 |
| 2002年5月31日 | 第11刷発行 |

著　者　長　沢　寿　夫
発行者　石　野　誠　一

〒112-0005 東京都文京区水道2-11-5
電話(03)5395-7650(代　表)
(03)5395-7654(ＦＡＸ)
振替 00150-6-183481
http://www.asuka-g.co.jp

明日香出版社

■スタッフ■深水清　編集　早川朋子／藤田知子／児玉容子／小野田幸子／小早川幸一郎／金本智恵　営業　小林勝／北岡慎司／浜田充弘／渡辺久夫／酒井暢子／奥本達哉／平戸基之
総務経理　石野栄一

印刷　株式会社文昇堂
製本　根本製本株式会社
ISBN4-7569-0437-8 C2082

乱丁本・落丁本はお取り替えいたします
Ⓒ Toshio Nagasawa 2001 Printed in Japan

英語

中学3年分の英語を3週間でマスターできる本
長沢寿夫
本体価格 971円 <カセットテープ1845円>　ISBN4-87030-180-6
画期的な英語独習法。ビジネスマンのための「やりなおし英語」用にはもちろん、現役中学生の自習用、受験用、さらには高校生、大学生などの「基礎固め」用。中学英語がわかれば英語はわかります。

中学・高校6年分の英語が3週間でわかる本
長沢寿夫
本体価格 1200円　ISBN4-7569-0122-0
中学英語を復習しながら、高校3年間で習う英語を丁寧に解説していきます。左頁で文法の解説、右頁で覚えられたか、理解できたかの確認のための問題を解くようになっています。やり直しの大人の方から学生の方まで。

パソコン・ワープロに打ち込んでマスターする中学3年分の英語
長沢寿夫
本体価格 1300円　ISBN4-7569-0233-2
ラップのCDを聞きながら、耳に入ってきた英文を自分のパソコン・ワープロに打ち込んでマスターする。英文は「仕方ないね、私たち相性が合いますね」など、日常的で面白い口語表現。

中学校で英語ぎらいになった人のための日本一やさしい英作文
長沢寿夫
本体価格 1100円　ISBN4-7569-0237-5
英語を読むほうはなんとかなるけど、書けない、しゃべれない人は多いです。日本一やさしい英作文はその名の通り、簡単に英作文が書けます。いま英語をはじめようと思っている人、手紙を書きたい、しゃべりたい人へ。

日本一やさしい英文法
長沢寿夫
本体価格 1200円　ISBN4-7569-0296-0
基本英文法が理解できれば応用は簡単。できるだけ文法用語を使わずに基礎を説明した本。もう一度英語の基本を確認するために、はじめての英語のために。

CD BOOK　日本一やさしい英会話
四軒家忍
本体価格 1600円　ISBN4-7569-0375-4
英会話の基本フレーズを学び「言いたいこと」をなんとか伝える練習を徹底的に行う。英語で話すコツをおさえて、英語が全然わからなくても様々な話題が話せるようになる。今度こそ話したい人にぴったりの1冊。

<中・高英語>を3週間で復習してこんなに話せる英会話
吉原令子
本体価格 1500円　ISBN4-7569-0388-6
あれって英語でなんて言うんだっけ、と思ったら学校の英語の復習が効果的。中学と高校で習った英文法をただ復習するのではなく、「話す」ためにやり直すテキストで、応用の効く会話ができるようになります。

子どもから大人までやりなおし教科書

小学校6年分の算数が7時間でわかる本

平山雅康
本体価格1165円　　　　　　　　　　　ISBN4-87030-617-4

小学生、昔やった算数を振り返ってみたい大人、お父さん・お母さん、いろんな人が「わかる」「たのしい」本。教科書や学習参考書では「わからなかった」「おもしろくなかった」人に向いてます。

中学3年分の数学が
14時間でマスターできる本

間地秀三
本体価格1165円　　　　　　　　　　　ISBN4-87030-573-9

中学数学くらい子供に教えてやりたいと思うお父さん。もう一度簡単に数学を復習してみたい人。マイナスや比例がさっぱりわからない人。中学3年分の数学のポイントだけをわかりやすく解説しました。

数学がまるごと8時間でわかる

何森仁・小沢健一
本体価格1165円　　　　　　　　　　　ISBN4-87030-750-2

小学校から高校までの算数・数学のほとんどのことが、この1冊でわかってしまいます。どこからでも気軽に読めて、しっかり力がつく、学校の先生もビックリ！

中学3年分の数学　公式がまるごとわかる本

佐藤恒雄
本体価格1300円　　　　　　　　　　　ISBN4-7569-0289-8

公式・法則・定理を知っていても、どうしてそうなるのかがわからなければ応用もできない。1つの公式の解説から応用までを2ページ見開きでコンパクトにまとめ、中学数学全般を一気におさらいできる本。

中学で習う数学＜方程式＞が
マンガでマスターできる本

間地秀三・安東章子
本体価格1200円　　　　　　　　　　　ISBN4-7569-0048-8

家庭教師鳥またの名を＜意地悪スズメ＞が中学で習う方程式をわかりやすくマンガの中で教えてくれます。ややこしい方程式をロールプレイングゲーム方式で17面までクリアしたとき、あなたも方程式の達人になれる！

中学3年分の数学＜関数＞が
マンガでマスターできる本

間地秀三・安東章子
本体価格1200円　　　　　　　　　　　ISBN4-7569-0125-5

マンガシリーズ、待望の新作。今度は中学関数です。今回も意地悪スズメは絶好調！　笑いながら、あっという間に中学で習う関数がどんどん解けてしまいます。＜マンガ方程式＞とご一緒に。

中学3教科[英数国]が
1週間でおさらいできる本

自立学習協会　編・平山雅康　監修
本体価格1165円　　　　　　　　　　　ISBN4-87030-975-0

中学主要科目の総ざらい。教科書3教科分の3年分をひとつにまとめた画期的な「きっかけ」本です。入試直前の中学生はもちろん、お父さん・お母さん、昔中学生だった人が思い出すきっかけに。面白さを再発見できます。

英語

絵でわかる前置詞の使い方

久保清子
本体価格 1165円　　　　　　　　　　　　　ISBN4-87030-826-6
間違いやすい前置詞。その前置詞の意味を絵で解説。絵で人や物の動作や状態を見ながら勉強すれば、前置詞は簡単に理解できます。これだと、前置詞の使い方が感覚的に一目でわかります。

単語とPleaseだけで通じる超ミニ英会話

久保清子
本体価格　971円 ＜カセットテープ1845円＞　ISBN4-87030-368-X
すべて、短くて必ず通じる超ミニミニ英会話ばかり。思わずうれしくなるような簡単フレーズ集。リラックスして、外国人にどんどん話しかければ英語力は一段とアップして、自信と度胸がつきます。

英語が1週間でイヤになるほどわかる本

西村喜久
本体価格　971円 ＜カセットテープ1845円＞　ISBN4-87030-222-5
「なんでこうなるの？」の質問や疑問を西村式で一刀両断した英語上達の手引き書。学校英語でココになった英語がわかりすぎてイヤになるほど身につきます。わかる・身につく・忘れない・英語の心と使い方。

中学英語の基本が
1週間でイヤになるほどわかる本

西村喜久
本体価格　971円　　　　　　　　　　　　　ISBN4-87030-555-0
中学英語でココだけは押さえておきたい文法事項を54に絞り、豊富な図解で詳しく解説。丸暗記でなく、まず、「なぜ」そうなるのかを理解することから始めれば、苦手だった英語も自信がもてます。

英作文の基本が
1週間でイヤになるほどわかる本

西村喜久
本体価格 1165円　　　　　　　　　　　　　ISBN4-87030-778-2
長い英文も、短い英文の積み重ねでありますから、まず基本5文型をマスターすることによって、英語が苦手な人でも西村式思考法と学習法で英文の作り方がわかるようになります。

オールカラー　英会話　絵で見る便利辞典

石橋真知子
本体価格 2233円　　　　　　　　　　　　　ISBN4-87030-620-4
オールカラーのイラストで、楽しみながら日常表現をふやすための本。登場人物は普通の家族。「一日のスタート」「父の一日」「母の一日」「娘の一日」と日常生活の動作を多彩に表現できます。

朝から夜まで絵でみるひとりごと英会話

石橋真知子
本体価格 1165円　　　　　　　　　　　　　ISBN4-87030-743-X
見るもの、聞くもの、考えたことをかたっぱしから英語にする本。絵とひとりごとを一緒に覚えるのでイメージが鮮明。1日の時間の流れが絵とともに頭にこびりついてしまう本です。

英語

CD BOOK　はじめての英語
廣田弓子
本体価格1600円　　　　　　　　　　　　　ISBN4-7569-0123-9
これから英語を始めようとする人、もう始めている人、今つまずいている人にお勧めの本。話せる英語を身につけるには発音、聴く力、話す力、そして英会話のための文法が必要です。誰でもこの1冊で話せる英語になれます。

中学3年分の英語がいっぺんにおさらいできる本
瀬谷ひろ子
本体価格1262円　　　　　　　　　　　　　ISBN4-87030-890-8
中学3年分の英語をマスターすると、自然に、英語の基礎力がつきます。左頁で単語、文法、イディオム、読解力を身につけて、右頁で英作文にチャレンジ。1冊で中学英語がおさらいできる本。

英単語増強プログラム
竜崎克巳
本体価格1300円　　　　　　　　　　　　　ISBN4-7569-0224-3
英単語の成り立ちから関連語までを分かりやすく説明してあるので、英検一級レベル以上の単語もらくらくマスターでき、TOEICで800点もの高得点の獲得も実現できます。

CDブック　英語の発音が3時間でよくなる
岩切良信
本体価格1600円　　　　　　　　　　　　　ISBN4-7569-0064-X
正しい発音は語学の命。発音記号を使って、正しい発音、正確な発音、そして英語の綴りを3時間で身につけられます。CDで正しい音を聞いて、繰り返し練習してください。発音が見違えるようにうまくなりますよ。

CD BOOK　英語のリスニングが3時間でうまくなる
岩切良信
本体価格1600円　　　　　　　　　　　　　ISBN4-7569-0088-7
日本人が一番苦手なのがリスニング。片言は話せるけど聞き取りになるとほとんど駄目とあきらめている人の本。リスニングがうまくなるにはコツがあります。リスニング上達のコツと実践練習のCD BOOKです。

「超」英会話
四軒家　忍
本体価格1500円　　　　　　　　　　　　　ISBN4-7569-0346-0
どれだけ勉強しても「ぴったりの英語が出てこないから話せない」ではきりがない。本書では単語やフレーズの暗記をやめて「要するに伝えたいこと」を表現する力をつけるスキルを学びます。

覚えまくる英単語
リック西尾
本体価格1165円　　　　　　　　　　　　　ISBN4-87030-951-3
本書の基本原理は3つ。英語を英語のまま覚える、右脳を最大限に活用、単語のヒアリングをマスターする。情景イメージと英単語を結びつけて、機械的暗記法ではなく、生活実用単語1400を文脈の中で覚える法。

英語

仮定法を使った〈いきいき〉英会話

多岐川恵理
本体価格1300円　　　　　　　　　　　　ISBN4-7569-0382-7
仮定法なんて英会話には不用、などと思っていませんか？「通じる英語」を卒業して、「使える英語」を身につけましょう。「関係代名詞を使った英会話」に続いて、使える英語をモノにするためのシリーズ。

日常英会話を3週間でマスターする本

和田正美
本体価格1300円　　　　　　　　　　　　ISBN4-7569-0178-6
初めて英会話を習う人や、英語をやり直したい人のための本です。発音や文法の基本と、コミュニケーションのために最低限気をつけておいてほしいことなどを教えてくれます。

会話に使えるパーフェクト英文法

古家聡
本体価格1500円　　　　　　　　　　　　ISBN4-7569-0274-X
英会話の力をつけるには、会話に使える文法だけを学べばいい。知的な大人のための英会話書。大人の英語学習に必要な丁寧な言葉遣い、相手との関係を考慮した適切な表現などを学ぶ。

「読む」ためのセレクト英単語

佐藤健司
本体価格1300円　　　　　　　　　　　　ISBN4-7569-0325-8
インターネットで世界のあらゆる情報にアクセスできる今、英文情報を「読む」ために必要な単語だけをセレクトしました。トピック別に、頻出の単語を集めたので、どんどん英文が読めます。

入門　50才からのカタカナ英会話

高橋文子
本体価格1200円　　　　　　　　　　　　ISBN4-7569-0362-2
英語、ぜんぜん知らないんだけど・・・という人でも心配無用。基本の基本の単語と会話フレーズを覚えましょう。英単語ひとつひとつにかたかなのルビを付け、英語のイロハを丁寧に解説しました。

失地回復の英語勉強法

辻内庸治
本体価格1200円　　　　　　　　　　　　ISBN4-7569-0308-8
英会話にチャレンジしたことがあるが挫折してしまった人たちへ、効果的な英語学習法とスランプ克服法を、実例をまじえながらアドバイス。英会話のための最低限の文法も解説しています。

私はこうして46歳から英語をモノにした

山元雅信
本体価格1300円　　　　　　　　　　　　ISBN4-7569-0240-5
46歳から一念発起して英語に再挑戦した山元氏は、語学力を身につけたことで性格まで変わり、明るく積極的な人間になった。中年からでも遅くない語学征服のカギやアイディアを、ユニークな語り口で披露してくれます。